CHARLOTTE VON REICHENAU

Von der Konsumtheorie zur Haushaltsökonomik

BEITRÄGE ZUR ÖKONOMIE VON HAUSHALT UND VERBRAUCH

Herausgegeben von Prof. Dr. Erich Egner, Universität Göttingen
und Prof. Dr. Helga Schmucker, Universität Gießen

Heft 14

Von der Konsumtheorie zur Haushaltsökonomik

Gesammelte Abhandlungen

von

Charlotte von Reichenau

herausgegeben und eingeleitet

von

Erich Egner

DUNCKER & HUMBLOT / BERLIN

Gedruckt 1979 bei Buchdruckerei Bruno Luck, Berlin 65
Printed in Germany
ISBN 3 428 04269 7

Vorwort

Dies Buch möchte das wissenschaftliche Werk einer zu früh (1952) verstorbenen Gelehrten in das Bewußtsein der Gegenwart zurückrufen. Charlotte von Reichenau ist im deutschen Sprachbereich eine Pionierin konsumtheoretischer und darüber hinaus haushaltsökonomischer Forschung gewesen. Da ihre Arbeiten an sehr verstreuten Stellen veröffentlicht wurden, wird es dem heutigen Leser schwer gemacht, eine Vorstellung von ihren Gedankengängen zu gewinnen. Dieser Schwierigkeit soll durch die vorliegende Sammlung abgeholfen werden. Sie begnügt sich allerdings mit einer Auswahl aus den Schriften der Autorin, wobei der Gedanke leitend war, Wiederholungen der Argumentation nach Möglichkeit zu vermeiden. Mit Ausnahme von zwei älteren Arbeiten werden deshalb die Veröffentlichungen aus den letzten Lebensjahren der Verfasserin hier wiedergegeben.

Die Sammlung möchte den fachlich interessierten Vertretern einer jüngeren Generation zeigen, wie die Überlegungen einer in politisch stürmische Zeit auf sich allein gestellten gelehrten Frau auch noch nach Jahrzehnten Anregungen geben und zur Auseinandersetzung mit ihnen zwingen können.

Erich Egner

Inhaltsverzeichnis

Einleitung

Charlotte von Reichenau und ihre Gedankenwelt

1.

Obwohl das Wirken Charlotte v. Reichenaus vor wenig mehr als einem Vierteljahrhundert plötzlich abbrach, ist sie in unserer schnelllebigen Zeit in Kreisen ihres Faches praktisch vergessen. Gewiß hat während dieser 26 Jahre eine rasche Entwicklung eingesetzt, die zu ihren Lebzeiten nicht vorauszusehen war. Doch ist es gerade bei solcher Sachlage geboten, die Rückverbindung zu Autoren, die dieser Entwicklung vorgearbeitet haben, — neben Frau v. Reichenau ist hier Wilhelm Vershofen zu nennen — nicht zu verlieren. Keine Wissenschaft lebt allein vom Heute, jede ist in hohem Maße auf die Kenntnis der Entwicklungsschritte zum heutigen Wissenstande, vor allem zur heutigen Problemsicht, angewiesen, auf die Kenntnis der Leistungen früherer Autoren, aber natürlich auch ihrer Grenzen und Irrtümer.

Einem solchen Rückanschluß, der die Bemühung um Erfassung noch heute offener Probleme beleuchtet, gilt die vorliegende Sammlung von Untersuchungen aus der Feder Charlotte v. Reichenaus.

2.

Hätte man diese Autorin nach ihrem speziellen Arbeitsgebiet befragt, so hätte sie aller Wahrscheinlichkeit nach gesagt, daß es ihr um den Ausbau einer eigenständigen Konsumtheorie gehe. Diese Formulierung taucht verschiedentlich in ihren Arbeiten auf. Als eigenständig wollte sie eine Lehre bezeichnen, die um ihrer selbst willen entwickelt wurde und nicht nur mit Rücksicht auf das Verständnis von Produktion und Verteilung in der Wirtschaftstheorie, die außerdem die bisher vernachlässigte qualitative Seite des Konsums beleuchten könnte.

Eine solche Konsumtionslehre hat sich seit der Zeit ihrer Arbeiten wohl entfaltet, bald theoretisch als Lehre vom Konsumentenverhalten im Markte, bald empirisch als Beschreibung konkreter Konsumentwicklungen. Trotzdem ist es zweifelhaft, ob die Autorin angesichts der inzwischen eingetretenen Problemausfächerungen heute an ihrer damaligen Fachbezeichnung festhalten oder ob sie es nicht vorziehen würde, jetzt von einer Haushaltsökonomik oder Haushaltswissenschaft zu sprechen[1]. Ihre Interessen griffen deutlich über den Konsumbereich hinaus. Unter haushaltsökonomischem Gesichtswinkel ist das Konsumtionsproblem nicht eigenständig, sondern nicht von demjenigen des Einkommenserwerbs und der Haushaltsproduktion zu trennen. Die alleinige Frage nach dem Verbrauch bedeutet demgegenüber eine Verengung der Problemsicht, eine Feststellung, die sich auch leicht aus dem Denken Frau v. Reichenaus ableiten läßt. Dieser Lage entspricht die Wahl des Titels der vorliegenden Veröffentlichung.

Wenn die Autorin von einer Konsumtheorie sprach, die sie ausbauen wollte, so ist das leicht aus der fachlichen Lage zu der Zeit verständlich zu machen, in der sie etwa um 1930 sich solchen Problemen zuwandte. Später erklärte sie in dem Aufsatze von 1944, daß sie wichtige Anstöße der US-amerikanischen Konsumtheorie verdanke, wobei sie sich besonders auf Simon N. Patten, aber auch auf Thorstein Veblen unter den älteren, sowie auf Hazel Kyrk und Elizabeth E. Hoyt unter den jüngeren Autoren bezog. Ein Blick auf die älteren Arbeiten der Autorin lehrt aber, daß sie schon *vor* Kenntnisnahme der amerikanischen Entwicklung bei ihren Bemühungen um das Kreditproblem auf die Bedeutung der „konsumtiven Lebensführung" und der „Lebenshaltung" gestoßen war, so ihrem Buche „Die Kapitalfunktion des Kredits" (Jena, Gustav Fischer 1932, S. 82 und unten S. 62).

Es lag nahe das als ein Konsumproblem anzusprechen, zumal es im Rahmen des klassischen Wirtschaftsdenkens keine andere Wahl gab. Da Frau v. Reichenau den Konsumenten nicht isoliert, sondern in seinen sozialen Bindungen sah, mündete ihre Konsumlehre, wenn auch nicht dem Namen nach, so doch de facto in eine Haushaltslehre ein. Das zeigte sich deutlich dort, wo sie neben den Konsum die Haushaltsproduktion stellte, die sie wohl auf Grund eines technologischen Mißverständnisses als Hauswirtschaft ansprach. Damit sprengte sie den Rahmen der klassischen und auch neoklassischen Wirtschaftstheorie, für die es das Gebilde „Haushalt" nie gegeben hat. Sie geriet dadurch in die Nähe der historischen Schule der deutschen Nationalökonomie, deren Vertreter von Schäffle über Schmoller, Bücher bis zu Sombart immer um die Probleme der Familienhaushalte besorgt gewesen sind.

3.

Das Denken Charlotte v. Reichenaus war in hohem Maße auf den Menschen, weniger auf Institutionen ausgerichtet. So heißt es etwa mit Bezug auf die Quantitätstheorie: „Der Mensch wird nicht berück-

---

[1] Vielleicht würde die Autorin auch in Anlehnung an den neuen Studiengang ihrer früheren Universität Gießen von einer Ökotrophologie gesprochen haben.

sichtigt." (Kapitalfunktion, S. 42) Es sei in ihr nur von Dingen die Rede. Ihre eigenartige Betrachtungsweise, die sich in diesen Worten ausdrückt, führte sie früh auf die Idee und den Begriff des *Wirtschaftsmenschen*. Man kann vermuten, daß die Beschäftigung mit einem einzelnen Menschen in ihrer Dissertation, nämlich mit dem deutschen Utopisten Wilhelm Weitling, ihr dahingehende Anregungen gegeben hat. Sie beschäftigte sich dann mit dem Wirtschaftsmenschen in abstracto und stieß dabei auf den homo oeconomicus. Ihr empirischer Sinn trieb sie dabei vor die Frage, was diesem Begriffe in der Wirklichkeit entspreche.

Sie fand diesen reinen Wirtschaftsmenschen in dem (modernen) Produzenten verkörpert, der durch ein unbegrenztes Gewinnstreben angetrieben wird, nicht aber im Konsumenten, obwohl die volkswirtschaftliche Theorie auch ihm ein grenzenloses Erwerbsstreben unterstellt hätte. Das war ihr Ausgangspunkt. Mit Bezug auf den Produzenten, also den Unternehmer, meinte sie, sei ein solches Verhalten historisch belegt, nicht aber für den Konsumenten. Dieser orientiere sich in seinem Konsumverhalten an einer *Lebenshaltungsvorstellung*, (die dem „Lebensstandard" bei Hazel Kyrk entspricht) wodurch seinem Begehren jeweils Grenzen gezogen würden[2]. In dieser Vorstellung schlagen sich die Erfahrungen vergangener Generationen nieder. Dadurch werden auch die Möglichkeiten kurzfristiger Veränderungen der Lebenshaltungen beschränkt.

Ein anderer Irrtum der Vergangenheit, besonders bei Vertretern der Grenznutzenschule, sei es gewesen, den Konsumenten als isoliertes Individuum zu sehen, das bei seinen Entschlüssen auf sich allein gestellt sei. Demgegenüber zeige die Erfahrung, daß die Lebenshaltung der Menschen sozial bestimmt sei, daß der Mensch, von einem Grenzfall abgesehen, stets sozial gebunden als Mitglied einer Gruppe sei, deren Vorbild ihn bei seiner Konsumgestaltung leite. Dadurch werde der für das Verhalten des Konsumenten gegebene Spielraum erheblich eingeschränkt. Der Konsument sei der homo habitualis, der Gewohnheitsmensch. Er richte sich auf das aus, was in seiner sozialen Schicht im Durchschnitt als standesgemäße Lebenshaltung gelte. In dieser Vorstellung schlügen sich Vergangenheits- und Gegenwartserfahrungen der Schichtzugehörigen nieder.

Aber natürlich konnte die Autorin sich nicht der Einsicht in die Veränderungen von Konsum und Lebenshaltungen verschließen. So gab sie

---

[2] Der Ausdruck „Lebenshaltungsvorstellung" setzt sich erst 1945 durch. Anfangs hieß es „Vorstellungen von Lebensführungen" (Kapitalfunktion S. 83), dann ist 1944 von „Verbrauchsvorstellung" die Rede. Erst in den „Problemen der Verbrauchsforschung" (siehe unten) taucht der obige Ausdruck auf.

zunächst zu, daß es eine Ober- und Untergrenze gäbe, zwischen denen sich die Lebenshaltung einer Schicht je nach Einkommenslage, aber auch nach sozial-ethischer Einstellung bewegen könne. Außerdem hätten die Lebenshaltungen eine gewisse Plastizität dadurch, daß sich in ihnen neuere Erfahrungen niederschlügen. Die Plastizität sei größer bei Überwiegen der jüngeren Generation, geringer dagegen bei Überwiegen alter Menschen. Auch könnten sich Spannungen zwischen Lebenshaltungsvorstellung und der realen Lebenshaltung einstellen, die eine Tendenz zum Spannungsausgleich von der einen oder der anderen Seite her auslösten.

Dann werden Veränderungsformen unterschieden. Einmal handle es sich dabei um unmerkliche, kleine Verschiebungen in der Lebenshaltung, die stillschweigend in die Lebenshaltungsnorm aufgenommen würden, was als „Wachstum“ bezeichnet wird. Im anderen Fall hat man es mit „offenen Veränderungen“ zu tun[3], die sich plötzlich einstellen und durch einen besonderen Menschentyp durchgesetzt werden, den homo extraordinatus. Das seien weitgehend außerhalb der sozialen Schichten stehende Persönlichkeiten wie Fürsten, Ausländer, aber auch die Demi-Monde — wir würden heute von Konsumpionieren sprechen —, die eine neue Verbrauchsform vorlebten. Diese würde dann von einzelnen Schichten zunächst ihrer Lebenshaltungsvorstellung einverleibt, um später in deren Lebenshaltung selbst übernommen zu werden. Diese letzten Gedanken sind zuerst von Erika Becker, der Assistentin und engen Mitarbeiterin Frau v. Reichenaus, formuliert worden. Sie sind sicher der Zusammenarbeit beider zuzuschreiben[4].

4.

Dies ist nicht der Ort für eine kritische Auseinandersetzung mit den Ideen der hier vorzustellenden Gelehrten. Nur soviel sei angemerkt, daß der Ansatz des Reichenau'schen Gedankenganges beim homo oeconomicus und seine Weiterführung durch die Unterscheidung zwischen

---

[3] Es wird noch eine dritte Veränderungsform unterschieden, der mir aber keine grundsätzliche Bedeutung zuzukommen scheint und die daher hier unberücksichtigt bleibt. Das ist die als „Tarnung“ bezeichnete Erscheinung, bei der man neue Produkte in der äußeren Form bekannten Produkten annähert, so das Auto in der Form eines Pferdewagens ohne Pferd.

[4] Die Lehrmeisterin zitiert vielfach ihre Schülerin mit deren Dissertation „Die Konsumveränderung, die Durchsetzung von Konsumneuerungen in den Lebenshaltungsvorstellungen der sozialen Gruppen“, Frankfurter Diss. 1945. Man gewinnt durch diese Zitate den Eindruck, daß es sich um eine normal gedruckte oder vervielfältigte Dissertation handle. Das ist aber nicht der Fall. In der Notzeit gegen Kriegsende wurden solche nur in Maschinenschrift eingereicht. Die Arbeit ist daher nur in Frankfurt-Main verfügbar. Ihre Hauptgesichtspunkte findet man unten im Aufsatz über den homo extraordinatus referiert.

dem Produzenten und dem Konsumenten, so interessant er ist, nicht der überwiegenden Fachmeinung der Volkswirte entspricht. Meist wird der homo oeconomicus nur als eine rationale Fiktion, nicht aber als eine geschichtliche Realität gesehen[5]. Diese Fiktion des unbegrenzten Erwerbsstrebens ist dann nur ein Gedankenexperiment, das durch einen Abgrund von der Wirklichkeit getrennt wird.

Unter solchen Umständen wird es verständlich, wenn die These unserer Autorin, daß dem homo oeconomicus in der Wirklichkeit der unbegrenzt nach Gewinn strebende Produzent, also der Unternehmer, entspreche, von einem so gewissenhaften Forscher wie Fritz Redlich bestritten wurde. Gewinnstreben sei zwar im kapitalistischen Wirtschaftssystem eine conditio sine qua non. „Gänzlich irrig aber ist es, wenn man dem Unternehmer der Wirklichkeit das Streben nach Maximalprofit (profit maximization) zuschreibt, denn der reale Unternehmer denkt gar nicht an Gewinnmaximierung — auch nicht innerhalb bestimmter Zeitabschnitte —, sondern an ‚maximization of a total situation', in der Profit nur eine Komponente ist." (Fritz Redlich, Der Unternehmer, Wirtschafts- und sozialgeschichtliche Studien, Göttingen 1964, S. 179/180).

Anders ist die Lage hinsichtlich des Konsumenten und der Auffassung unsrer Autorin, daß dieser nicht als homo oeconomicus, sondern als homo habitualis begriffen werden müsse. Die *Rolle der Gewohnheit,* die nur langsame Veränderungen der Lebenshaltung zuläßt, ist in neuerer Zeit bestätigt worden, so von George Katona (Das Verhalten der Verbraucher und Unternehmer, Tübingen 1960, S. 170/71), der auch auf J. M. Keynes verweist. Doch ist die Beurteilung dieser Zusammenhänge inzwischen differenziert, das Problem der Konsumdynamik weitergetrieben worden. Schon Charlotte v. Reichenau hatte die positive Funktion unterstrichen, die das gewohnheitsmäßige Handeln für den Konsumenten hat, da es ihm Zeit und Kraft spart. Katona unterschied habituelles oder Routineverhalten des Konsumenten, das seiner Entlastung dient, von echten Entscheidungen, die den Gewohnheitsrahmen durchbrechen. Habituelles Konsumverhalten erstreckt sich nach diesem Autor besonders auf die Lebensnotwendigkeiten, auch auf anderen häufig wiederkehrenden Bedarf. Die echten und individuellen Entscheidungen der Konsumenten betreffen dagegen die großen und selten anfallenden Ausgabeposten, die mit dem Ansteigen der frei verfüg-

---

[5] Siehe beispielsweise *Karl Diehl,* Theoretische Nationalökonomie, 1. Band: Einleitung in die Nationalökonomie, Jena 1916, S. 86, ferner *Hellmuth Wolff,* Der homo economicus, eine nationalökonomische Fiktion Berlin und Leipzig 1926, S. 68 ff., auch *Otto v. Zwiedineck-Südenhorst:* Der Begriff des homo oeconomicus und sein Lehrwert, in des Autors „Mensch und Wirtschaft", Berlin 1955, S. 293, neuerdings auch *Günter Wiswede,* Motivation und Verbraucherverhalten, München / Basel 1973, S. 4.

baren („diskretionären") Einkommensteile erhöhtes Gewicht erhalten haben. Ihre Eigenart ist die zeitliche Verschiebbarkeit der Nachfrage nach ihnen. (a.a.O., S. 56 ff., 78 ff., 128, 189)

Es ging Frau v. Reichenau bei der Rede vom homo habitualis vermutlich nicht allein um das in den Gewohnheiten liegende stabilisierende Element für die Lebenshaltungen. Die klassische Nationalökonomie sei im Gegensatz zu merkantilistischen Anschauungen von der unbeschränkten Veränderlichkeit der Lebenshaltungen mit der alleinigen Ausnahme des Existenzminimums überzeugt gewesen. Was damit gemeint ist, ergibt sich aus dem anschließenden Hinweis auf Ricardo, der gesagt habe, daß der Nahrungsbedarf des einzelnen zwar beschränkt sei, nicht aber sein Bedarf an sonstigem Konsum. (Kapitalfunktion, S. 41) Die Veränderlichkeit der Lebenshaltungen ist daher hier im Gegensatz zu dem kurzfristigen Gewohnheitsargument ausgesprochen langfristig zu verstehen, dies im Sinne der Frage: Inwieweit ausdehnbar sind überhaupt Lebenshaltungen und Konsum der Menschen? Die Antwort der klassischen Volkswirte und ihrer Nachfahren lautet nach unserer Autorin: Es gibt dafür keine Grenze, die menschlichen Wünsche sind unbegrenzt. Dieser Satz wird von ihr in Frage gestellt.

Das so aufgerollte Problem kann durch einen Rückgriff auf Katonas einschlägige Vorstellungen erläutert werden. Obwohl dieser Autor auf Grund seines methodischen Ausganges von der Psychologie her nicht als Vertreter der neo-klassischen Lehre verstanden werden kann, entwickelt er doch im hier fraglichen Punkte eine Argumentation, die der oben als klassisch vorgestellten Sicht entspricht. Er hat damit der Theorie der Konsum- und Lebenshaltungen wesentliche Impulse gegeben.

Einen frühen Vorstoß in dies früher wenig beackerte Feld hatte der junge Schumpeter unternommen, als er schon 1911 in seiner „Theorie der wirtschaftlichen Entwicklung" dem schöpferischen Unternehmer die Fähigkeit zur Veränderung des Konsumentenbegehrs zusprach. Das war aber nur ein Nebenergebnis seiner Theorie, wobei die Frage offen blieb, wo Grenzen einer solchen Unternehmungspolitik liegen könnten. Den eigentlichen Durchbruch zur Theorie der Konsumdynamik vollzog erst Katona, als er Kurt Lewin's Begriff des *„Anspruchsniveaus"* (level of aspiration) in die Konsumtheorie einführte. Danach haben „die Menschen in ihrer Eigenschaft als Konsumenten zu allen Zeiten viele unbefriedigte Bedürfnisse". (Katona a.a.O., S. 170) In seinem Buche „The Powerful Consumer" (New York 1960, S. 131) zitiert er außerdem A. P. Maslow mit dem Satze: „Die grundlegende Konsequenz irgendeiner Sättigung besteht darin, daß dieser Bedarf untertaucht und ein neuer und höherer Bedarf auftaucht." Die Ansprüche haben die

Tendenz, immer etwas weiter zu gehen, als es der Einkommenslage des jeweiligen Menschen entspricht.

Unter bestimmten Voraussetzungen, bei optimistischer Beurteilung der eigenen Einkommenschancen in der Zukunft oder bei einer entsprechenden Erwartung der gesamtwirtschaftlichen Entwicklung, führt die Anspruchshaltung zu einer Konsumausdehnung, jedoch bei gleichzeitiger Erweiterung des Anspruchsniveaus. Nur bei falscher Einschätzung der künftigen Entwicklung oder Mißerfolgen des eigenen Verhaltens und entsprechender Enttäuschung ist mit einer Senkung des Anspruchsniveaus zu rechnen. Katona hält das Anspruchsniveau für einen wesentlichen Faktor des wirtschaftlichen Wachstums. (The Mass Consumption Society, New York 1964, S. 316).

Es ist leicht einzusehen, daß diese Theorie der Konsum- und Lebenshaltungsdynamik Tür und Tor geöffnet hat. Über die Entfaltung der Anspruchsniveaus wird die *Konsumausdehnung* ins Unendliche fortgeschrieben. Dahinter steht deutlich erkennbar die Vorstellung von einem wirtschaftlichen Wachstum, das sich fortlaufend für den einzelnen Menschen in steigendem Einkommen, sich hebendem Lebensstandard, sich ausweitender Lebenshaltung ohne Grenzen ausdrückt. Diesen Optimismus strahlt besonders des Autors Buch über die Massenkonsumgesellschaft aus, das bezeichnend für den Augenblick seines Erscheinens ist (1964). Dabei wird unausgesprochen ein total säkularisierter und an materiellen Fortschritt glaubender Mensch unterstellt, den Frau v. Reichenau ohne weiteres ihrer Deutung des homo oeconomicus hätte einfügen können. Katona, der sich durch seine Auslegung des wirtschaftlichen Menschen große Verdienste erworben hat, landet hier durch die Brille des modernen Positivismus bei einem Menschen, der dem Ökonomismus verfallen ist und wirtschaftlichen Erfolg allein in quantitativer Ausweitung von Bedürfnissen, Güterbegehr, Gütererzeugung und Güterverzehr sieht.

Demgegenüber kann jetzt auf die Gedanken Charlotte v. Reichenaus verwiesen werden. Sie hat ihre Kritik nicht mehr ausdrücklich formulieren können. Dennoch ist sie aus ihren Darlegungen ohne Schwierigkeiten abzuleiten. Das ergibt sich aus dem Zeithorizont und dem Menschenbilde, die beide aus ihren Überlegungen herauszulesen sind. Während Katona ganz auf den Gegenwartsmenschen in der Sicht der öffentlichen Meinung abstellte, reichte die Reichenau'sche Sicht bis ins Mittelalter, hintergründig bis ins Altertum zurück, womit sich ein geschichtlich gesättigtes Menschenbild verband. Dadurch sah sie den Menschen nicht nur sozial, sondern auch geistig in einen ihn umspannenden Zusammenhang gestellt. Dieser erfaßt nicht nur kurzlebig die Konstellation des gegenwärtigen oder vorangegangenen Jahrzehnts, sondern die Weite der abendländischen Geschichte. Aus dieser Distanz ergab sich ihr die Eigenart der Gegenwart als „die immer stärkere Bejahung des Lebensgenusses“, (Kapitalfunktion 85, unten S. 64) d. h. die Einsicht in die stillschweigend bei den Theorien des Anspruchsniveaus und des wirtschaftlichen Wachstums gemachten Voraussetzungen.

Das erkennt man als argumentum e contrario dort, wo die Autorin darauf hinwies, daß es *sozialethische und religiöse Einstellungen zu bestimmten Lebenshaltungen* gegeben habe, daß manche Lebensführungen als göttliche Norm oder auch für diejenigen, die sich nicht danach richteten, als göttliche Strafe betrachtet worden seien. (Kapitalfunktion 84—86, unten S. 64/65) Es kann nicht bezweifelt werden, daß solche Wertungen nicht nur Vergangenheit sind, sondern auch heute noch vorkommen, z. B. aus christlicher Sicht, auch aus anderen Überlieferungen abendländischer Geistesgeschichte. Gewiß ist die Mehrheit der Bevölkerung und die öffentliche Meinung in der Gegenwart hinsichtlich der Lebenshaltungen von solchen religiösen oder ethischen Normen unberührt. Man darf aber nicht übersehen, daß auch diese Kreise ihre Lebenshaltungen an Werte ausrichten, obwohl vielfach unbewußt und allein nach profanen Utilitätsgesichtspunkten, wie sie die Gelehrten dieser Zeit gutheißen.

Das Wissen um diesen Hintergrund aller Konsumgestaltung spricht deutlich aus der Bemerkung der Autorin von der stärkeren Bejahung des Lebensgenusses, zugleich auch die Sorge gegenüber der verbreiteten Unbesorgtheit um die Folgen und Ausstrahlungen derartiger Verhaltensweisen. Wenn man den subjektiven Begehr des einzelnen zum alleinigen Maßstab für Bewertung und Rechtfertigung seines Konsums macht, so scheint es gleichgültig zu sein, für *was* er sich sich im einzelnen entscheide, wenn es nur *mehr* als bisher wäre und er sich dadurch als „aktiver“ Konsument bewähre. Als ob ein „Mehr“ immer besser als „gleichviel“ oder erst recht als „weniger“ sei. Es scheint, daß man das gar nicht zu fragen braucht, da sich das wohl von selbst verstehe. Auch braucht man anscheinend nicht zu prüfen, ob der gewählte Konsum lebensförderlich oder -zerstörerisch wirkt, sei es für den Konsumenten selbst oder sei es für andere Menschen und deren Lebensgrundlagen.

Solche Fragen nach der *Qualität von Konsum und Lebenshaltung* hat man im volkswirtschaftlichen Denken kaum einmal aufgeworfen — eine Ausnahme machte etwa O. v. Nell-Breuning schon 1929 mit der Rede von der „Bedarfsgerechten Wirtschaft“ —, sie sind heute aber zu Existenz- und Überlebensfragen der Industriegesellschaften geworden. Plötzlich ist man sich der Gefahren bewußt geworden, welche die vielgepriesenen Wohlstandsgesellschaften mit sich gebracht haben. Eine ganze Serie von Problemen ist als Folge der „höchsten Lebenshaltungen der Welt" über uns hergefallen: So die Verweichlichung des Körpers ohne körperliche Anstrengung, falsche Ernährung, hoher Genußmittel- und Drogenkonsum, sinkender Leistungswille bei steigendem Anspruchsniveau, der Ruf nach mehr Freizeit, ohne sie sinnvoll ausfüllen zu können, permissive Haltung gegenüber Autoritäten und Ordnungsgeboten, dann die Vielzahl der Zivilisationskrankheiten, deren man nicht Herr zu werden weiß, dazu alle Opfer an Toten oder dauernd Geschädigten, die den Nebenwirkungen oder Funktionsstörungen moderner Technik gebracht werden müssen, und schließlich das große Umweltproblem mit seiner steigenden „Unwirtlichkeit" der Städte, der Schädigung, oft Zerstörung der organischen oder anorganischen Natur bei noch unübersehbaren Folgen.

Von derartigen Überlegungen her werden die Grenzenlosigkeiten der modernen Wirtschaft hinsichtlich Bedürfnissen, Produktionen und Lebenshaltungen in ihrer Fragwürdigkeit erkennbar. Ihr Unsinn ist schon daran abzulesen, daß sie rational nicht zu Ende zu denken sind. Es ist Frau v. Reichenau zu danken, daß sie diese Problematik schon gesehen hat. Man wird dabei auf die Einsicht zurückgeführt, die bereits Aristoteles im 8. Kapitel des 1. Buches seiner „Politik" begründet hat, als er sagte, einem vollkommenen Leben zu genügen, ist nicht ohne jede Grenze möglich.

5.

Charlotte v. Reichenau ist erst spät zur Nationalökonomie und zu ihrem Spezialfach gekommen. Erst mit 35 Jahren promovierte sie und mit 38 Jahren habilitierte sie sich, beidemale an der Universität Gießen in den Jahren 1925 und 1928. Ihr Lebenslauf war in die Zeit vom 17. September 1890 bis zum 19. September 1952 eingespannt. In Köln als Tochter des Generals v. Rente-Fink geboren, machte sie das Abitur als Exraneerin am humanistischen Gymnasium zu Eisenach. Dann nahm sie vor dem 1. Weltkriege das medizinische Studium auf, das aber durch Heirat und nach Beginn des Krieges durch Dienste als freiwillige Helferin beim Roten Kreuz unterbrochen wurde. Dann verlor sie ihren Mann Friedrich v. Reichenau als Bataillonskommandeur im Felde. Dieser Bruch in ihrem Leben veranlaßte die junge Kriegerwitwe nach Kriegsende umzusatteln und das Studium der Philosophie und Volkswirtschaftslehre an den Universitäten Freiburg (Breisgau) und Gießen aufzunehmen.

Nach ihrer Habilitation lehrte sie in Gießen theoretische Nationalökonomie, seit 1934 als außerplanmäßige Professorin. In gleicher Eigenschaft siedelte sie 1941 nach Frankfurt-Main über, wo sie bis zu ihrem Tode im Herbst 1952 tätig war.

Eine Synthese ihrer Gedankengänge herzustellen, war der Autorin nicht mehr vergönnt, da sie plötzlich mitten aus ihrer Arbeit heraus abberufen wurde. Vermutlich betrachtete sie ihr Lebenswerk keineswegs als abgeschlossen. Sicher ist mir aus persönlicher Kenntnis, daß sie ihrer Aufgabe als Forscherin nicht nur unter Einsatz einer umfassenden Bildung, sondern auch mit Hingabe gedient hat. Das geschah zu einer Zeit, die es weiblichen Hochschullehrern schwer machte, sich im universitären Raum mit seinem virilen Klima eine unbestrittene Stellung zu verschaffen. Hinzu kam, daß sie ihre wissenschaftliche Laufbahn in einer Zeit steigender politischer Spannungen während der 30er Jahre, dann der Kriegsnöte und der noch kaum gemilderten Kriegsfolgen nahm. Für den Außenstehenden scheint sie ihren Weg mit schlafwandlerischer Sicherheit genommen zu haben, unangefochten von den Wirren der Zeit und getragen von den Kräften ihrer Abkunft. Aber höchst wahrscheinlich ist solche Sicht eine Verharmlosung ihres Schicksals, dessen Meisterung schwer errungen werden mußte.

6.

Für den Herausgeber lag die Schwierigkeit in der Auswahl der hier wiederzugebenden Arbeiten. Eine Liste der von ihm festgestellten Schriften Charlotte v. Reichenaus ist am Schlusse dieses Bandes beigefügt. Sie sind nicht alle heute von gleichem wissenschaftlichen Interesse und Gewicht. Erster Auswahlgesichtspunkt war die im Titel dieses Buches sich ausdrückende Problematik. Daneben stand ihn ergänzend die Frage nach dem wissenschaftlichen Gewicht einer Arbeit und drittens die Rücksicht auf Überschneidungen mit anderen hier wiedergegebenen Untersuchungen, die nach Möglichkeit vermieden werden sollten.

Dabei zeigte sich, daß diese Ziele am besten durch Heranziehung der letzten Arbeiten der Verfasserin aus der Nachkriegszeit erreicht werden können, wenn man ihnen noch den großen Aufsatz von 1944 „Konsum und volkswirtschaftliche Theorie" beifügt. Sein programmatischer Charakter verbindet ihn gut mit den Arbeiten der letzten Jahre. Daneben stehen zwei Arbeiten der vor-nationalsozialistischen Zeit aus dem Jahre 1932, aber verschiedenen Charakters. Die eine stammt aus dem oben zitierten einzigen Buche der Autorin in Gestalt des für den vorliegenden Zweck gekürzten 5. Kapitels „Der Konsument als homo habitualis". Er bietet die Urform der Reichenau'schen Konsumtheorie. Der andere Beitrag aus dem Jahre 1932 über die Frauenarbeit erschien mir wichtig, weil er in klarer Weise die Haltung einer emanzipierten Frau in damaliger Zeit erkennbar werden läßt. Als Grundstein des Denkens der Autorin fügt er sich zwanglos mit dem hier an letzter

Stelle stehenden Aufsatz über Abhängigkeit und Selbständigkeit in der Konsumwirtschaft zusammen. Dessen Titel ist leicht irreführend, er war wahrscheinlich durch das Sammelwerk vorgegeben, in dem er zuerst erschien. Genauer müßte er lauten: Abhängigkeit und Selbständigkeit der Hausfrau im Familienhaushalt. Die später als dieser Aufsatz datierte Arbeit über Haushaltsrechnungen und Haushaltsführung ist etwa in der gleichen Zeit wie jener entstanden. Er ist nur als Beitrag zu einem Handbuche mit Verzögerung und daher posthum veröffentlicht worden.

Nicht aufgenommen wurden hier außer einigen älteren Arbeiten fünf Aufsätze aus den hauswirtschaftlichen Jahrbüchern der Kriegszeit. Obwohl sie manchen beachtlichen Gedanken enthalten, sind sie doch so sehr durch die besonderen Zeitumstände geprägt, daß sie für die heutige Fachdiskussion nicht mehr bedeutsam sind. Dasselbe gilt für den Aufsatz über die Bäuerin. Die Herkunft der Beiträge wurde bei jedem Abdruck vermerkt, dasselbe gilt für einige notwendig gewordene Änderungen am Originaltext. Grundsätzlich fühlte sich der Herausgeber selbstverständlich an das Original gebunden. Seine Bemerkungen wurden mit dem Zusatz (Hrsg.) versehen.

Erich Egner

I. Teil

Haushalt und Verbrauch

1. Konsum und volkswirtschaftliche Theorie*

I. Einführung

Wenn keine autoritative Stelle, wie die Kirche im Mittelalter, Entscheide über Anerkennung und Verwerfung wissenschaftlicher Erkenntnisse ausübt, dann *scheint* der einzelne Forscher Freiheit darin zu haben, wo er sich in der Wissenschaft mit seiner Arbeitskraft einschalten will. Dies ist in Wirklichkeit jedoch nicht der Fall. Der Forscher hat selbst bei völliger Freiheit der Wissenschaft für seine Arbeitskraft immer nur einen gewissen Spielraum. Ob dieser Spielraum groß oder klein ist, ist nicht feststellbar, da wir das, was der Forschungsarbeit entzogen ist — die Vergleichsebene! — nicht zu sichten vermögen. Und zwar kennen wir diese nicht etwa deshalb nicht, weil sie aus uns noch unbekannten Tatsachen und Problemen bestünde — der Zugang zu diesen beiden letzteren kann dem freien Spielraum der Forschung angehören —, sondern weil es unter den der Wissenschaft bereits bekannten Tatsachen und Problemen solche gibt, bei denen der Zugang zur Bearbeitung für die Forschung unmerklich „verriegelt" ist; und zwar von der Wissenschaft selbst! Diese der Wissenschaft an und für sich bekannten Tatsachen und Probleme sind einem Aufgreifen durch die Forschung dadurch entzogen, daß sie sich *unter Begriffe subsumiert finden, unter welche sie eigentlich nicht gehören* und die für das Erkenntnisstreben hemmend wirken. Entweder gilt ein Phänomen bzw. ein Problem an demselben als Folge solcher Subsumtion als *„schon bearbeitet"*, weil die übrigen Erscheinungen, die der Begriff umfaßt, bereits analysiert sind, oder es wird dadurch zu einer Gruppe von empirischen Tatsachen gezählt, die nicht mehr zum Arbeitsbereich derjenigen speziellen Disziplin gehören, die sich mit der Erforschung der Erscheinung eigentlich befassen müßte. Daher finden wir die Bearbeitung solcher „verriegelter" Phänomene dann öfters in anderen Disziplinen, allerdings nur so weit, als sie sich durch besonders auffällige Eigenschaften der Beobachtung schließlich doch nicht entziehen konn-

---

* *Quelle:* Jahrbücher für Nationalökonomie und Statistik Band 159 (1944).

ten. Durch lange Tradition bekommen solche Subsumierungen in der Fachdisziplin dann ein großes Gewicht und wirken wie Barrieren für die Weiterentwicklung der Wissenschaft an diesen speziellen Stellen. Der Grund zu solchen Subsumierungen ist nie mehr offensichtlich. Die unbekannten Faktoren, die hinter ihnen stehen, müssen erst mühsam wieder aufgedeckt werden. Daher ist die Wissenschaft zu einer gegebenen Zeit in ihren einzelnen Teilen ein Gebilde sehr verschiedener Entwicklungsfähigkeit und umfaßt u. a. oft völlig starre und leblose, weil für den weiteren Ausbau auf diese Weise „verriegelte" Forschungsgebiete. So wies z. B. schon Kant auf den merkwürdig starren Charakter der formalen Logik hin. Die formale Logik und Erkenntnistheorie haben sich — abgesehen von dem Wechsel in der Bewertung des Deduktions- und Induktionsschlusses — seit Plato und Aristoteles fast unverändert erhalten. Sie wurden und werden heute noch als für *alle* Zeiten, für *alle* Menschen und für *jede* denkende Verarbeitung eines Gegebenen als *absolut gültig* angesehen[1]). Die Möglichkeit anderer Denkformen ist in der Logik trotz der Hinweise der Romantik und trotz neuester Forschungsversuche[2] bisher nicht anerkannt worden. Die Denkformen der Naturvölker, welche oftmals von den durch die Logik erforschten Denkformen in auffälliger Weise abweichen, wurden unter den Begriff „Prälogik" subsumiert und infolgedessen bis zur Gegenwart nicht von der Logik, sondern von der Ethnologie, also von einer anderen Disziplin, behandelt. Logik und Erkenntnistheorie haben sich infolgedessen — trotz der Entdeckung anderer Denkformen! — nicht weiter entwickelt. Sie sind bei der jahrhundertealten Überzeugung von der Allgemeingültigkeit ihrer Erkenntnisse starr stehengeblieben, obgleich sich in der Neuzeit der Gedanke der Relativität sonst auf allen Gebieten durchsetzte.

II. Dogmengeschichtlicher Überblick

Unter Begriffe subsumiert, unter welche sie eigentlich nicht gehören, und dadurch der wissenschaftlichen Bearbeitung entzogen, waren auch in der volkswirtschaftlichen Theorie der „*Konsum i. e. S.*", also der sog. „letzte" Verbrauch[3], und der „*private Haushalt*".

[1] Vgl. über die „Naturgesetze", „Naturformen" des Denkens, „allgemein üblichen Regeln" der formalen Logik und Erkenntnistheorie z. B. Ch. *Sigwart*, Logik, Tübingen 1924, I, S. 8, 10, 22, 336; II, S. 3 ff. — B. *Erdmann*, Logik Halle 1907, I, S. 6. — H. *Lotze*, Logik, Leipzig 1880, S. 4. — W. *Wundt*, Logik, Stuttgart 1920/24, I, S. 1 u. 85.

[2] H. *Leisegang*, Denkformen, Leipzig 1928.

[3] Wir behandeln in dieser Arbeit also nur den „persönlichen" und nicht den „technischen" Konsum der Produktionen.

I. Der Konsum in der volkswirtschaftlichen Theorie

Der Konsum i. e. S.[4], d. h. die planmäßige unmittelbare Bedürfnisbefriedigung mit wirtschaftlichen Mitteln, wurde lange Zeit als bloße Zerstörung von Gütern[5] durch Verzehr bzw. Nutzung, daher als etwas Technisches angesehen, das, eben als Technik, die volkswirtschaftliche Theorie nichts angehe. Man übersah dabei, daß ein, wenn auch kleiner Teil der Konsumgüter, z. B. Diamanten, von dem Konsum nicht zerstört werden, daß Inhalt und Umfang des Begriffes Verbrauch als Zerstörung sich nicht deckten, das Phänomen also sich dem Begriff, unter den es subsumiert wird, gar nicht fügt. Als Folge davon, daß der Kon-

[4] Vgl. zu den nun folgenden Ausführungen besonders: K. *Oldenberg*, Die Konsumtion, Grundriß der Sozialökonomik, 2. Abt., Tübingen 1923, S. 188 ff.

[5] Vgl. z. B. u. a. J. B. *Say*, „Wir können den in den gesellschaftlichen Vermögensgegenständen enthaltenen Nutzen nicht gebrauchen, ohne diesen Nutzen zu verderben, ohne ihn ganz oder zum Teil zu zerstören, ohne also ihren Wert *zu verderben oder zu zerstören*." Ausführliches Lehrbuch der politischen Ökonomie, Leipig 1845, S. 254. — W. *Lexis*, „Konsumtion ist die gänzliche oder teilweise *Vernichtung eines wirtschaftlichen Gutes* als solchen durch eine an demselben objektiv vorgehende Veränderung." Die volkswirtschaftliche Konsumtion. Schönbergs Handbuch der politischen Ökonomie, Tübingen 1890, S. 685. — K. *Bücher*, „Man hat wohl die Konsumtion als eine vom Menschen beabsichtigte Vernichtung oder *Zerstörung der Güter* bezeichnet, welche notwendig sei, um ihren Nutzen zu gewinnen." Die Entstehung der Volkswirtschaft, 2. Sammlung, 4. Aufl., Tübingen 1920, XI, S. 317 f. — F. *Kleinwächter*, „Konsumieren heißt verzehren oder verbrauchen, d. h. also *zerstören ... der Form*, in die der Stoff gebracht war ..." Lehrbuch der Nationalökonomie, 3. Aufl. Leipzig 1921, S. 282. — H. *Mayer*, „Die wirtschaftliche Wirkung des Güterverbrauchs in der Produktion ist eine ganz andere als die des Güterverbrauchs bei der unmittelbaren Bedürfnisbefriedigung. Im ersteren Falle werden bestimmte Güter ... in Güter anderer Art umgeformt, welche nun an Stelle der verbrauchten für die Wirtschaft verfügbar sind, im *zweiten Falle tritt endgültige Zerstörung von Gütern* ... ein." H. d. St.[4], Bd. V., Artikel „Konsumtion", Jena 1923, S. 867. — S. *Budge*, „Ein sehr erheblicher Teil der Güter kann seinen Zweck nur dadurch erfüllen, daß die *Güter* in längerer oder kürzerer Zeit vollkommen *vernichtet werden*. Diese Gütervernichtung nennen wir „Konsum." Grundzüge der theoretischen Nationalökonomie, Jena 1925, S. 16. — E. *v. Philippovich*, „Der Güterverbrauch ist eine vom Menschen beabsichtige *Gütervernichtung*, die auch unterlassen werden könnte und wirtschaftlicherweise nur unternommen wird, wenn der mit der Vernichtung der Brauchbarkeit erzielte Erfolg höheren Wert besitzt, als mit dem Besitz des unverbrauchten Gutes verknüpft gewesen wäre." Grundriß der politischen Ökonomie, 1. Bd.; Allgemeine Volkswirtschaftslehre, 19. Aufl., Tübingen 1926, S. 403. — F. M. *Aspeslagh*, „De Consumptieleer, en meer in't bijzonder ‚Het Consumtiebegrip' in de economische Theorie." Turnhout 1938. *Aspeslagh weist* auf die Definition des Konsums als *Vernichtung von Gütern* bei *Smith, Malthus, v. Soden, Müller, Storch, v. Hermann* und *de Leener* hin. Oft heißt es stoffliche Vernichtung, oft Vernichtung der Form. Wo Konsumption als *Vernichtung von Werten* angenommen wird, wie bei *Skarbeck, Estrada, Dutens, Courcel-Seneuil, Malthus, Jevons, Marshall, Block, Cossa* usw., da ruht diese ihrerseits ja selbst wieder auf einer Vernichtung des wirtschaftlichen Gutes — abgesehen von der sog. „Meinungskonsumtion" oder „immateriellen Konsumtion", die jedoch keine Wertvernichtung durch unmittelbare Bedürfnisbefriedigung darstellt, also gar keine Konsumtion ist, sondern das Wertloswerden eines Gutes durch Nachfrageveränderung bezeichnet.

sum unter einen Begriff subsumiert wurde, unter den er eigentlich nicht gehört und dadurch als „Technik" aufgefaßt der wirtschaftswissenschaftlichen Theorie entzogen wurde, hat sich die letztere bis zur Gegenwart *völlig einseitig* entwickelt, ohne daß sie sich lange Zeit dessen bewußt wurde[6]. Die volkswirtschaftliche Theorie ist bisher stets nur auf die Erforschung der Gesetze der Produktion und der Verteilung ausgerichtet gewesen; und dies, obwohl die Konsumenten in den Volkswirtschaften die Produzenten an Zahl weit übertreffen[7]. So abstrahiert z. B. Ricardo in seiner Grundrentenlehre nicht etwa von dem Mannigfaltigerwerden der Bedürfnisse, das einem Steigen der Grundrente bei wachsender Bevölkerung entgegenwirkt[8], sondern er sichtet bei seinen Ausführungen den Konsum überhaupt nicht. Obwohl Say bald darauf die Volkswirtschaftslehre in die Lehre von der Produktion, Verteilung und Konsumtion gliedert[9], fehlt eine Theorie des Konsums lange Zeit

[6] Vgl. z. B. H. v. *Schullern-Schrattenhofen*, „Leider fehlt auf theoretischem Gebiete ... noch sehr viel, um von einer umfassenden und einheitlichen Lehre vom Konsum sprechen zu können. Gewöhnlich begnügt man sich damit, allgemeine Kategorien des vielfach für die Wirtschaftslehre ungenügend definierten Konsums aufzustellen ... die italienische Literatur besitzt, soweit uns bekannt, keine Monographie über die Theorie des Konsums ... Wir verlassen somit nach einer ganz geringen Ernte dieses Problem und sprechen den Wunsch aus, daß demselben endlich eine vertiefte Ausgestaltung zuteil werden möge ... Wie die Frage bis heute bearbeitet worden ist, dürfte kaum den strengen Anforderungen der Wissenschaft entsprochen worden sein." Die theoretische Nationalökonomie Italiens in neuster Zeit, Leipzig 1891, S. 186 ff. — *Ch. Gide*, „Parmi les phénomènes économiques, ce sont ceux relatif à la production qui ont tout d'abord attiré l'attention. Les physiocrates et *Adam Smith* n'ont guère étudié que ceux-là." Cours d'économie politique, Paris 1913, S. 4. — G. Z. *Strat*, „L'exclusion de la consommation du cadre de la science économique ne peut persister q'au détriment de l'exactitude scientifique et q'au contraire elle doit rester comme partie essentielle de cette discipline." Le rôle du consommateur dans l'économie moderne, Paris 1922, S. 243 ff. — F. *v. Wieser*, „Über die Produktion hat die Wirtschaftstheorie sehr viel zu sagen und hat sie immer gesagt, über die Konsumtion schweigt sie, oder sagt sie gerade soviel, um irgend etwas zu sagen." Theorie der gesellschaftlichen Wirtschaft, Grundriß der Sozialökonomik, 1. Abt., 2. Aufl., Tübingen 1923, S. 158. — H. *Kyrk*, A theory of consumption, London 1923, S. 15. — R. *Wilbrandt*, Ökonomie der Konsumtion. „Schmollers Jahrbuch", 55. Jg., München-Leipzig 1931, S. 809. —O. *v. Zwiedineck-Südenhorst*, „Wenn *Smith* und noch dreiviertel Jahrhunderte später J. St. *Mill* die Vorgänge im Bereich des letzten Konsumenten für so mannigfaltig und irrational gehalten haben, daß sie mit ihrer theoretischen Arbeit vor diesem Erfahrungsobjekt Halt machen zu müssen glaubten, so kann das doch kein ewiger Zustand bleiben." Der Begriff homo oeconomicus und sein Lehrwert, in Jahrbücher für Nationalökonomie und Statistik, 140. Bd., 1934, S. 517.

[7] *Gide* schätzt das Verhältnis der Konsumenten zu den Produzenten auf 3 : 1 ein. Vgl. G. Z. *Strat*, a.a.O., S. 115.

[8] S. N. *Patten*, Die Bedeutung der Lehre vom Grenznutzen, in diesen „Jahrbüchern" 1891/11, S. 530. — *Derselbe*, The consumption of wealth, 2. Aufl., Philadelphia 1901, S. 56 u. 57.

[9] J. B. *Say*, Ausführliche Darstellung der Nationalökonomie oder der Staatswirtschaft. Übers. von E. *Morstadt*, Heidelberg 1830.

und als eigenständiges Gebiet, d. h. als ein um seinetwillen und mit spezifischen Gesichtspunkten aufgebautes Gebiet, in derselben heute noch. Zwar schloß sich in der französischen Volkswirtschaftslehre an Say eine lange Tradition an, welche die Vernachlässigung des Konsumenten, „personnage inconnu et méconnu" „tiers oublié" durch die physiokratisch-klassische Theorie geißelte[10], doch mündet diese Bewegung einmal in die Budgetuntersuchungen *Le Plays* und seiner Schule, das andere Mal mit *Sismondi, Fourier,* der Schule von Nimes und ihrem Hauptvertreter *Gide* in politisch-organisatorische Vorschläge zugunsten des Konsums, also u. a. in die Phalanstères und in die Idee der Coopération der bisher passiven Verbraucher, also nicht in die Theorie ein[11]. Selbst die Grenznutzenschule, der wir den Ausbau einer Theorie des Konsums verdanken, befaßte sich mit dem Verbrauch nicht *um seiner selbst willen,* sondern nur, um mit Hilfe seiner Gesetze zu einer besseren Klärung der Preis- und funktionellen Einkommensbildung zu gelangen. Daneben wird der Konsument bis in die Gegenwart hinein in vieler Hinsicht, vor allem bei der Wahl seiner Konsumtionsgüter, als *„launisch"*, d. h. als *rational nicht voll erfaßbar* angesehen[12]. Trotz der Hinweise in neuerer Zeit darauf, daß eine eigenständige Lehre vom Konsum in der volkswirtschaftlichen Theorie noch fehle, daß sie aber sehr wohl möglich sein müsse[13] — manche Forscher, wie z. B. *Hasbach,* wollen sie sogar an die Spitze der Volkswirtschaftslehre stellen[14], ist es bisher noch nicht zu einem selbständigen Ausbau einer Theorie des Verbrauchs gekommen, welche zugleich auch der *Eigenart des Konsums im Gegensatz zur Produktion gerecht würde.*

---

[10] G. Z. *Strat,* a.a.O., S. 21. — Ch. *Gide,* La consommation, „Revue de Métaphysique et de Morale", April/Juni 1921, S. 234.

[11] G. Z. *Strat,* a.a.O., S. 103 ff.

[12] W. *Vershofen,* Wirtschaftliche Großmächte. Der Konsument. In „Deutsche Fertigware" 1933, Heft 4, S. 51 f.

[13] E. *Dühring,* Kursus der National- und Sozialökonomie, Berlin 1873, S. 19.

[14] W. *Hasbach,* „... Da die Güterhervorbringung der gesellschaftlichen Wirtschaft von der Nachfrage abhängig ist, so kann die Lehre von der Güterhervorbringung nicht den andern Stoffgruppen vorangehen. Die dieser Anordnung zugrunde liegende Auffassung ist fehlerhaft, weil sie den technischen und den wirtschaftlichen Standpunkt verwechselt. ... setzt nun die Nachfrage eine gegenwärtige oder zukünftige Güterverzehrung voraus ... *so muß die Lehre von der Güterverzehrung den Ausgangspunkt der Sozialwirtschaftslehre bilden.*" Güterverzehr und Güterhervorbringung, Jena 1906, S. 6 u. 7. — K. *Diehl,* „Die Grenznutzenschule bedürfte zu ihrer exakten Durchführung einer genauen, immer wieder zu revidierenden Forschung nach der Gestaltung der menschlichen Bedürfnisse; *die Lehre von der Konsumtion würde schließlich das Fundament der theoretischen Nationalökonomie.* Es ist auch kein Zweifel, sondern sehr bezeichnend, daß der amerikanische Nationalökonom, der besonders für eine tiefere Ausbildung der Konsumtionstheorie eintritt, *Patten,* gleichzeitig ein Angehöriger der Grenznutzenschule ist." Sozialwissenschaftliche Erläuterungen zu *David Ricardos* Grundgesetzen der Volkswirtschaft und Besteuerung, 3. Aufl., I. Teil, Leipzig 1921, S. 68.

So mußte sich z. B. *Gide*, der einen solchen Ausbau versuchte, doch vorwerfen lassen, daß er ihm nicht gelungen sei, da er Teile, die eigentlich zur Lehre von der Produktion gehörten, fälschlicherweise dafür benutzt habe[15]. Das Gleiche kann man in den meisten Lehrbüchern bei den Abschnitten über „Konsum" beobachten. Diese sind nicht nur kümmerlich[16], sondern stützen sich zum großen Teil auf Ausführungen, die streng genommen nicht hineingehören[17]. Auch *Marshall* wendet in seinen Darlegungen über die Konsumentenrente nur einen, allerdings berechtigten, Gedanken aus der Lehre von der Produktion auf das Konsumtionsgebiet an. Er findet zwar auf neue Weise zum Konsum, aber noch nicht zu seiner Eigenständigkeit hin. Ganz besonders deutlich zeigt sich jedoch die Übertragung von Gesichtspunkten aus der Lehre von der Produktion auf das von ihr zuerst erschlossene Gebiet des Konsums bei der Grenznutzenschule. Der Konsument wird hier ebenfalls als ein „homo oeconomicus" erfaßt. Ist der Produzent ein homo oeconomicus, sobald sein Streben nach Produktionsertrag unbegrenzt und überall in der Wirtschaft einsatzbereit ist, so wird das Genußstreben des Konsumenten von ihr ebenfalls als unbegrenzt und als bereit angenommen, *jede* Güterart aufzugreifen, wenn nur das ökonomische Prinzip es gestattet. Ferner wird in ihrer Lehre vom konsumtiven Grenzniveau der Gleichgewichtsgedanke aus der Theorie der Produktion ebenfalls in die Theorie des Konsums übernommen. Auch die Berücksichtigung *einzelner* Wirtschafter, *einzelner* homogener Güterarten, *einzelner* infinitesimaler Teilquantitäten derselben oder ihres Nutzens — *Gossen* spricht von „Nutzenatomen"[18] — ist bei ihr dem atomistischen Verfahren gemäß, das bei der deduktiven Erforschung der Produktion und Verteilung gehandhabt wird. Allerdings findet das Übergreifen von Gesichtspunk-

---

[15] Ch. *Gide*, a.a.O., S. 233 ff.

[16] Vgl. z. B. E. v. *Philippovich*, „Die Lehre von der Konsumtion ist stiefmütterlich behandelt", a.a.O., S. 406 Anmerkung. — E. *Dühring*, „Die sogenannte Theorie der Konsumtion hat sich ... auf einige dürftige Bemerkungen über Luxus und unproduktive Verwendung eingeschränkt gesehen und hat überall unwillkürlich die Rolle eines höchst überflüssigen Zusatzes oder eines vereinsamten Anhanges spielen müssen ..." a.a.O., S. 14.

[17] Vgl. z. B. E. *v. Philippovich*, a.a.O., Buch I u. IV, Unter „Einkommen und Güterverbrauch" werden hier nur die funktionellen Einkommen, nicht aber auch die personellen und Familieneinkommen, die zugleich Grundlage des Verbrauchs sind, behandelt. Der Güterverbrauch selbst wird fast gar nicht berührt. Selbst im 1. Buch finden wir in den „Entwicklungsbedingungen der Volkswirtschaft" nichts Näheres über die Bedürfnisse. — A. *Weber*, Kurzgefaßte Volkswirtschaftslehre, Berlin 1942. Bei ihm zeigt sich die Einseitigkeit der Volkswirtschaftslehre besonders deutlich. Er berührt die Konsumtion nur ganz kurz auf S. 56, „Gesetz des unproportionalen Konsums". Sonst befaßt er sich nur mit den Phänomenen und Gesetzen der Produktionssphäre. — F. A. *Walker*, „We need a new *Adam Smith* or another Hume to write the economics of consumption ..." Political economy, London 1892, S. 317.

[18] H. H. *Gossen*, Entwicklung der Gesetze des menschlichen Verkehrs und der daraus fließenden Regeln für menschliches Handeln, 3. Aufl., Berlin 1927.

ten aus der Lehre von der Produktion und Verteilung auf den Konsum nicht immer statt. So wurde z. B. der Verbrauch bisher noch nicht mit Hilfe von Statik und Dynamik bearbeitet. Neben die allgemeinen Naturgesetze des Konsums trat ferner in der Theorie noch keine sie ergänzende Erkenntnis von der Relativität der Verbrauchsgesetze. Und schließlich: neben dem Mangel an Gesichtspunkten, die nur der Theorie vom Konsum zukommen usw., sind die Lehren der Grenznutzenschule auch noch deshalb nicht ausreichend, weil sie stets von *gegebenen* Gütermengen und *gegebenen* Bedürfnissen, d. h. von einer Skala von Versorgungsniveaus ausgehen, wobei sowohl bei den Gütermengen wie bei den Bedürfnissen nur das *Quantitative* berücksichtigt wird, vgl. z. B. das erste und zweite *Gossensche* Gesetz, die Indifferenzkurven, den Ophelimitätsindex und das Gesetz der fallenden Substitutionsrate.. Die Grenznutzenschule kennt das Problem des Wählens zwischen Güter*arten* bei dem Konsum also gar nicht, da sie vom Qualitativen immer abstrahiert bzw. ihm keine Bedeutung beimißt. Sie abstrahiert daher von Tatsachen, welche für die volkswirtschaftliche Theorie auch zum Forschungsgegenstand werden müssen. Zudem wirft man ihr ja bekanntlich vor, daß sie auf einer veralteten Psychologie aufbaue. Die spätgeborene Theorie des Konsums zeigt infolgedessen nicht das gleiche lebendige Leben wie die andern durch sie neu belebten Zweige der Volkswirtschaftstheorie. Die theoretische Forschung befaßt sich heute höchstens noch mit dem Begriff des Konsums[19], der sich als Letztes ja erst aus einer abgeschlossenen Analyse des Verbrauchsgebietes ergeben kann[20].

Während die volkswirtschaftliche Theorie also in bezug auf die Lehre vom Konsum heute noch immer eine gewisse Starrheit aufweist, finden wir den Verbrauch durch *Nachbargebiete* behandelt, und zwar unter Gesichtspunkten, die bisher in der volkswirtschaftlichen Theorie noch fehlten. Die Ethnologie deckt durch Erforschung des Verbrauchs der Naturvölker weltanschauliche Bindungen des Konsums auf. So zeigt sie z. B., daß der Primitive, wo er von magisch-totemistischer Weltanschauung getragen wird, nicht konsumiert, um sinnlich-geistige Bedürfnisse zu befriedigen, sondern um durch Verzehr eines Teils Eigenschaften der ganzheitlichen Erscheinung auf sich zu übertragen[21]. Fer-

[19] J. M. *Schaaf*, Der Begriff des Verbrauchs, in den Jahrbüchern für Nationalökonomie und Statistik, Bd. 157, 1943, S. 319 ff.

[20] Vgl. hierzu W. *Eucken*, „... wir sind erst befähigt, wissenschaftlich zu definieren, wenn wir in das Sachproblem eingedrungen sind. Denn erst dann läßt sich auch entscheiden, welche Begriffe überhaupt brauchbar sind, und ob neue, rein wissenschaftliche Begriffe gebildet werden müssen." Die Grundlagen der Nationalökonomie, Jena 1940, S. 10.

[21] Vgl. u. a. H. *Spencer*, Die Prinzipien der Soziologie, Dt. Ausgabe 1. Bd., Stuttgart 1876, S. 29. — B. *Laum*, Die geschlossene Wirtschaft, Tübingen 1933, S. 145 ff.

ner werden die Lebenshaltungen verschiedener Schichten durch die Statistik, die „geschlossene Hauswirtschaft“ und die Veränderungen des Konsums im Wandel der Zeiten durch die Wirtschaftsgeschichte, die Mode und der Luxus durch die Soziologie untersucht. Wir finden von diesen induktiven Forschungen nicht nur das Weltauschauliche, sondern auch das Soziale wie das Historische am Konsum berücksichtigt, das der Theorie des Verbrauchs bisher entging. Von diesen Nachbardisziplinen der volkswirtschaftlichen Theorie wird am Konsum jedoch nur das für uns heute Auffällige, d. h. das für uns aus dem Gewohnten Fallende, behandelt. Ja, auch die Grenznutzenschule mit ihrer Darstellung der Handlungsweise des *einzelnen* Konsumenten besteht ja eigentlich ebenfalls nur in einer Sichtung desjenigen an dem Verbrauch, was außerhalb des Üblichen steht, denn der Konsum ist ja zum größten Teil eine Familienkonsumtion, die im Haushalt verläuft. *Das Normale, d. h. das Übliche an dem Konsum, wird also auch heute von der volkswirtschaftlichen Theorie noch gar nicht gesichtet.*

Eine Ausnahme stellt allerdings die volkswirtschaftliche Theorie *Amerikas* dar. Hier fehlt erstaunlicherweise jede Starrheit in der Lehre vom Konsum. Man wendet sich dort in neuerer Zeit in lebendigster Forschung seinen Problemen zu. Abgesehen von den Versuchen, der Lehre vom Konsum durch den Behaviorismus eine andere psychologische Basis zu geben, hat *Patten*[22] als erster, von der Grenznutzenschule aus weiterbauend, neben einer neuartigen Beleuchtung der Preisbildung, der *Ricardoschen* Grundrententheorie usw. von der Konsumseite aus, jetzt vor allem die Fragestellung auf das *Qualitative* des Verbrauchs verlagert und die *geschichtlichen* Gesetzmäßigkeiten bei den Konsumveränderungen mit seinem „Gesetz der Mannigfaltigkeit“ zu erfassen gesucht[23]. Die amerikanische Theorie beginnt nun weiter — Ansatzpunkte sind auch hier schon bei *Patten* vorhanden —, neben der qualitativen und historischen auch die *soziale* Seite des Konsums zu sichten; ganz besonders, als 1919—1929 die gute Konjunktur in den Vereinigten Staaten von Amerika das Volkseinkommen um mehr als 25 v. H. steigerte. Die Praxis stellt nun sowohl der Marktforschung wie der volkswirtschaftlichen Theorie die Frage, was der Konsument mit seinem großen „Surplus“ an Einkommen jetzt wohl kaufen würde[24], so daß die Wissenschaft aus der damaligen Zeitlage heraus noch besonders auf das bisher vernachlässigte Problem der *Wahl des Konsumenten*

---

[22] S. N. *Patten*, The consumption of wealth, a.a.O. — *Derselbe*, Die Bedeutung der Lehre vom Grenznutzen, a.a.O., S. 481 ff. — *Derselbe*, Theory of dynamic economics, a.a.O. — *Derselbe*, Essays in economic theory, New York 1924. u. a. m.

[23] S. N. *Patten*, Theory of dynamic economics, a.a.O., S. 24 ff.

[24] H. *Kyrk*, a.a.O., S. 234 ff. — E. E. *Hoyt*, Consumption in our society, New York and London 1938, S. 8.

in qualitativer Hinsicht gelenkt wurde. Das Wahlproblem in qualitativer Hinsicht wird somit jetzt zum Zentralproblem amerikanischer Forschung. Es entwickelt sich nun dort eine Theorie des Konsums innerhalb der Volkswirtschaftslehre über die Grenznutzenschule hinaus als ein völlig eigenständiges, d. h. als ein vom Dienst an der Erkenntnis der Produktion und der Verteilung losgelöstes Gebiet mit, wie geglaubt wird, auch ganz spezifischen Gesichtspunkten. Man unterscheidet jetzt vor allem neben dem realen Verbrauch der Konsumenten die „standards of life“ als *Vorstellungen* von Lebensführungen, welche die Verbraucher für sich als angemessen erachten[25]. Jede soziale Schicht habe eine ganz bestimmte Vorstellung von einem nur ihr angemessenen Konsum, d. h. ihren besonderen „standard of life“, wobei zu dem gleichen Standard einer Schicht immer mehrere Einkommensgruppen und zu einer Einkommensgruppe immer mehrere Standards verschiedener Schichten gehörten. Der Standard einer sozialen Gruppe fixiere für den Einzelnen, der ihr angehöre, den Konsum sowohl in quantitativer wie auch in qualitativer Beziehung. Und zwar sei der Einzelne an den Standard seiner sozialen Gruppe fest gebunden, weil er sich seinen Verbrauch aus Mangel an Zeit und Kraft sowie wegen des damit verbundenen Risikos nicht selbst ausprobieren könne. Der Standard sei stets das Werk unzähliger Generationen. Zudem sei der Einzelne durch Sitte, Gewohnheit und Tradition an ihn gebunden, so daß es schwer wäre, aus einer Schicht in eine andere hinüberzuwechseln. Da der Lebensstandard also stark traditionell sei, so würden in der realen Lebenshaltung der Schichten auch alte, völlig sinnlos gewordene Verbrauchsgewohnheiten, die sog. „overhangs“ oder „dead hands of the past“, weitergeschleppt. Ein großer Teil des Verbrauchs befriedige also keine Bedürfnisse, sondern sei rein konventionell. Zudem tendierten die Menschen dahin, sich von ihrer Umgebung nicht zu unterscheiden. Sie fürchteten, sich durch abweichendes Verhalten von ihrer Umgebung

---

[25] Vgl. zum Folgenden u. a. besonders: S. N. Patten, The consumption of wealth, a.a.O. — A. T. *Hadley*, Economics. An account of the relations between private property and public welfare, New York 1897, S. 69. — T. *Veblen*, The theory of the leisure class, New York 1899. — G. P. *Watkins*, Welfare as an economic quantity, Boston and New York 1915. — H. *Kyrk*, a.a.O., — C. C. *Zimmerman*, Consumption and standards of living, London 1936. — Ch. S. *Wyand*, The economics of consumption, New York 1937. — E. E. *Hoyt*, a.a.O. — Der Begriff „Standard“ ist jedoch in der amerikanisch-wirtschaftstheoretischen Literatur nicht immer klar als Verbrauchs*vorstellung* im Gegensatz zum *realen Verbrauch* herausgearbeitet. In vielen Arbeiten bezeichnet „standard“ mehrdeutig beides, d. h. der Begriff schillert oft sehr stark. „Verbrauchsvorstellung“ und „realer Verbrauch“ müssen aber klar voneinander getrennt werden, weil die Verbrauchsvorstellung und der reale Verbrauch nicht nur verschieden sind, sondern trotz ihrer Tendenz sich on the long run anzugleichen, sich auch in verschiedener Weise verändern können. Vgl. Ch. *v. Reichenau*, Die Kapitalfunktion des Kredits, Jena 1932, S. 82 ff. (Siehe unten S. 62 ff.).

lächerlich zu machen. Und schließlich erfordere auch das soziale Ansehen vom Einzelnen einen bestimmten Verbrauch, denn je weniger sich die einzelnen Menschen persönlich kennten, um so mehr würde der Konsum das äußere Anzeichen für den Erfolg der Persönlichkeit in den beruflichen Lebensbereichen. Man benötige daher einen gewissen „sichtbaren" Konsum und zwar — nach *Veblen* — einen gewissen Verbrauch, der infolge von Wohlhabenheit auf freie Zeit zugunsten des Konsums schließen ließe. *Der Konsument wäre danach also kein homo oeconomicus, d. h. er strebt nicht unbegrenzt nach Bedürfnisbefriedigung und ist nicht bereit jede Güterart zur Konsumtion aufzugreifen, wenn es das ökonomische Prinzip gestattet.* Daher ist seine Wahlfreiheit gering und sein Verbrauch innerhalb kurzer Zeit nur wenig veränderlich. Von der volkswirtschaftlichen Theorie Amerikas wird dabei die Bezogenheit des Lebensstandards besonders auf die im Haushalt lebende Familie schon erkannt, wenn auch nicht weiter verfolgt. Das berühmte, preisgekrönte Buch von *Kyrk* bezeichnet z. B. ausdrücklich den Einzelkonsumenten als „bohémien", weil er den Forderungen des Lebensstandards seiner Schicht nicht in demselben Maße unterliege wie die Familie. Der Standard sei ein „familystandard"[26]. Während *Veblen* die Bildung und Entwicklung der Lebensstandards sowie ihre Beeinflußbarkeit im Laufe der Geschichte verfolgt — die verschiedenen Schichten seien je nach ihrem sozialen Rang in bezug auf ihre Lebenshaltungen einander Vorbild —, arbeitet *Hoyt* verschiedene Standards für ganze Kulturkreise heraus[27]. Zugleich beginnt die amerikanische Forschung die Veränderlichkeit des Standards als Ganzes und die Veränderlichkeit seiner einzelnen Teile zu untersuchen. Der Standard dehne sich leichter aus, als er sich komprimieren lasse. Anderseits, je länger ein Gut im Standard und je sichtbarer sein Verbrauch sei, um so fester sei es in ihm verwurzelt usw. Bei all diesen Untersuchungen geht die amerikanische Theorie in engster Zusammenarbeit mit den Nachbar disziplinen, der Ethnologie, der Soziologie usw. vor. Diese Forschungen der amerikanischen Theorie werden für einen Ausbau der Lehre vom Konsum in der europäischen Volkswirtschaftslehre jedoch nicht beachtet. Zwar benutzt *De Graaf* die Ergebnisse der amerikanischen Theorie[28], aber er tut es nur, um Probleme der Nachfrageelastizität mit ihnen zu durchleuchten, so daß die Lehre vom Konsum selbst davon unberührt bleibt. Anderseits beginnt die Marktforschung sehr bald, über den Kauf hinaus sich auch mit dem „letzten Verbraucher" näher zu befassen. Sie erkannte jedoch bisher seine sozialen Bindungen und ihre Probleme noch nicht.

[26] H. *Kyrk*, a.a.O., S. 180.

[27] E. E. *Hoyt*, a.a.O., Ch. II.

[28] A. *de Graaff*, Grundsätzliches zur Meßbarkeit der Nachfrageelastizität, „Weltw. Archiv", N. F., 39. Bd. Jena 1934/I, S. 94 ff.

Nachdem im romanischen Sprachgebiet *Halbwachs* sich auf *Veblen* stützend, ebenfalls den Zusammenhang zwischen Konsum und sozialer Schicht aufgedeckt hatte[29] — eine Theorie des Verbrauchs entwickelt sich jedoch daraus nicht —, wird unabhängig von ihm und der amerikanischen Theorie, zehn Jahre nach dem Erscheinen des Buches von *Kyrk*, durch die deutsche Theorie das gleiche Ergebnis gefunden[30]. Im Gegensatz zum *„homo oeconomicus"* und ihn ergänzend wird nun die Denkfigur des *„homo habitualis"*[31] geprägt und bald darauf in das Lehrbuch aufgenommen[32]. Der Konsument wird in seinem Verbrauch nun ebenfalls als durch Verbrauchsvorstellungen seiner sozialen Schicht gebunden erkannt. Verbrauchsvorstellungen, die mit der realen Lebensführung der Schichten im Verhältnis gegenseitiger Beeinflussung stehen, Ober- und Untergrenzen besitzen und u. a. vom Altersaufbau der sozialen Gruppe abhängig sind. Zwar decken sich, wie gesagt, die an den homo habitualis anknüpfenden Ausführungen zum großen Teil mit den Ergebnissen der amerikanischen Theorie, doch baute sich auf ihn keine Theorie des Verbrauchs, sondern nur eine Theorie des Kredits auf. Die neue Sicht kommt also hier — und das ist der Gegensatz zu den Ergebnissen der amerikanischen Theorie — nicht der Theorie des Konsums, sondern wiederum der Lehre von der Produktion zugute.

Woher kommt es, daß der Verbrauch unter einen ihm nicht zukommenden Begriff subsumiert, erst so spät und besonders spät als eigenständiges Gebiet von der Theorie erforscht wurde? Und warum wendet sich zuerst und vor allem die volkswirtschaftliche Theorie Amerikas diesem letzteren Ausbau zu? Welche unbekannten Faktoren haben der theoretischen Forschung hier Barrieren errichtet?

Das Mittelalter hatte als Zeit der Bindungen des Einzelnen durch die Kirche auch die Produktion an den Zügel gelegt. Der Zügel, an dem die Produktion unmittelbar ging, war die Idee des standesgemäßen Lebens, d. h. des qualitativ und quantitativ begrenzten Verbrauchs, welcher den Preisen und damit dem Ertragsstreben der Produzenten feste Grenzen setzte. Die Produktion war also unmittelbar durch Vorstellungen des Konsumtionsbereiches gefesselt. Die aufstrebenden Kräfte der Produktion im Frühkapitalismus verlangten Freiheit von allem, was sie einengte, also auch von den Bindungen durch den Konsum. Die

---

[29] M. *Halbwachs*, „On peut définir, les classes moyennes et hautes, ou du moins chacune d'elles: l'ensemble des hommes auxquels leur fortune permet q'ils renoncent ou non à certaines dépenses utiles, d'accomplir des dépenses luxueuses déterminées." Remarque sur la position du problème sociologique des classes. „Révue de métaphysique et de morale", November 1905, S. 890 ff.

[30] Ch. *v. Reichenau*, a.a.O., S. 82 ff.

[31] Ch *v. Reichenau*, a.a.O., S. 82 ff.

[32] A. *Hesse*, Grundriß der politischen Ökonomie, Bd. II, Jena 1942, S. 41.

Vorstellungen der standesgemäßen Lebensführungen zerbrachen jetzt[33]. Die Bedürfnisse der Menschen werden nun von der volkswirtschaftlichen Theorie als *unbegrenzt* angesehen. *Adam Smith* und *Ricardo* waren z. B. davon *„tief durchdrungen"*, daß die Bedürfnisse des Menschen und damit sein Konsum an und für sich unbegrenzt seien[34]. Immer fürchtet man im Besiegten jedoch noch den Gegner! Und so wird der Verbrauch für Jahrhunderte der Beachtung und damit zugleich einer theoretischen Analyse und der Entdeckung seiner Eigenständigkeit dadurch entzogen, daß er unter einen ihm eigentlich nicht zukommenden Begriff subsumiert wird, der seine Erforschung durch die volkswirtschaftliche Theorie erschwert. Als Folge davon entwickelt sich nun die wirtschaftswissenschaftliche Theorie, wie gesagt, lange Zeit völlig einseitig. Es ist daher auch verständlich, daß gerade Amerika, das Land ohne Mittelalter, zuerst zu einer eigenständigen Theorie des Konsums zu gelangen versuchte.

2. Der Haushalt in der volkswirtschaftlichen Theorie

Wollen wir den Verbrauch nun tiefer erfassen, als es in der deutschen und amerikanischen Theorie bisher geschehen ist, so müssen wir uns dem überwiegenden und trotzdem bisher vernachlässigten Teile desselben zuwenden, nämlich dem *„Haushaltskonsum"*. Hierzu einiges Klärende über den Haushalt.

In bezug auf den *privaten Haushalt* und die *private Hauswirtschaft*[35], zwei Phänomene, welche irrtümlicherweise immer identifiziert werden, liegt Ähnliches vor wie bei dem Konsum. Mit dem privaten Haushalt befassen sich nur zwei Nachbargebiete der volkswirtschaftlichen Theorie: die Wirtschaftsgeschichte in ihrer Lehre von der „geschlossenen Hauswirtschaft" und die Statistik mit ihrer Bearbeitung der Haushaltsbudgets. In der volkswirtschaftlichen Theorie fehlt eine Lehre vom Haushalt und der Hauswirtschaft jedoch heute noch völlig[36]. Man beachtet nur den städtischen Haushalt, nimmt nun fälschlicherweise pars pro toto, und weil dieser das meiste fertig kauft — von den in ihm

---

[33] Vgl. W. *Sombart,* Luxus und Kapitalismus, München-Leipzig 1913, S. 1 ff.

[34] A. *Smith,* Untersuchung über das Wesen und die Ursachen des Volkswohlstandes, Übers. von F. *Stöpel,* 1. Bd., Berlin 1905, S. 229. — D. *Ricardo,* Principles of political economy, in „The works of Ricardo", herausgegeben von *MacCulloch,* London 1866, S. 236, und Essay on the funding system, ebenda, S. 534.

[35] Vgl. zum Folgenden die „Hauswirtschaftlichen Jahrbücher", darin Ch. *v. Reichenau,* Hauswirtschaft als volkswirtschaftliche Produktion, Stuttgart 1939, Lief. 2. — *Dieselbe,* Die Hauswirtschaft im Leistungsaufbau der Volkswirtschaft, Stuttgart 1940, ebenda Lief. 2. — *Dieselbe,* Die Frau als organischer Wirtschaftertyp, Stutgart 1943, ebenda Lief. 1.

[36] Vgl. hierzu auch H. *Jecht,* Die Entwicklung der Problemstellung in der neueren deutschen Finanztheorie, „Finanzarchiv", Bd. 1, 1933, S. 206.

hergestellten Gütern glaubt man als geringfügig abstrahieren zu können —, so meint man, der Haushalt enthalte keine Produktion, sondern sei nur *„reiner Konsum“*. D. h. man bezeichnet ihn als völlig „steril“. Die kaufende Hausfrau wird von der Theorie also nur als ein *„letzter Verbraucher“* aufgefaßt[37]. Solange der Verbrauch als etwas Technisches angesehen wird, gilt der Haushalt daher ebenso wie der Konsum als wirtschaftstheoretisches „noli me tangere“ oder als von der Grenznutzenschule schon behandelt, wobei er dann als planvolle, d. h. an die Bilanzgleichung und das zweite *Gossensche* Gesetz gebundene Verwendung von Geldsummen und Gütern für den Konsum bezeichnet wird[38]. In Wirklichkeit ist auch hier der Haushalt als „Verbrauchswirtschaft“ unter einen Begriff subsumiert, bei dem sich Inhalt und Umfang nicht decken; und zwar fügt sich das Phänomen Haushalt dem Begriff nicht ein, weil Haushalt kein „reiner Konsum“ ist. Wir dürfen von seinen produktiven Tätigkeiten nicht als irrelevant abstrahieren. Dies erkennen wir deutlich, wenn wir nicht nur den städtischen, sondern auch den Haushalt bäuerlicher Höfe heranziehen. Mit steigender Marktferne wird hier das Selbstherstellen der Güter in der Hauswirtschaft gegenüber dem Kaufen immer stärker, bis es sogar das Überwiegende werden kann[39]. Der *Haushalt umgreift also als Einheit zwei gedanklich scharf zu trennende, doch in der Wirklichkeit eng verzahnte Teile* (eng verzahnt, weil ohne Zwischenschaltung eines Verteilungsmittels): die *„Hauswirtschaft“ als Produktion* — und zwar als letzte „Produktion der Volkswirtschaft“ — und den *Konsum der im Haushalt Lebenden.*

---

[37] Vgl. u. a. W. *Eucken*, a.a.O., S. 104. Dieser unterscheidet die „Haushaltung“ als geschichtlich gegebene Familienwirtschaft, in der auch produziert wird und stellt ihr den „Haushalt“ der idealtypischen Verkehrswirtschaft gegenüber, in dem kein Gut hergestellt wird. „Alle Güter und Leistungen, welche die Haushalte brauchen, werden konsumreif aus den Betrieben gekauft und im Haushalt lediglich verbraucht.“ — H. *Mayer*, „Eine vierte (Verwendung des Wortes Konsumtion) identifiziert Konsumtion mit Haushalt ...“ a.a.O., S. 867. — H. *v. Stackelberg*, „Keine Haushaltung einer modernen Volkswirtschaft stellt alles, was sie zum Leben braucht, selber her. Meistens deckt die Eigenerzeugung nur einen verschwindenden Bruchteil des Eigenbedarfes“ und „Die Haushaltung ist eine Wirtschaftseinheit, deren Zwecke die Verwendung wirtschaftlicher Güter erfordern, selbst jedoch nicht die Erzeugung wirtschaftlicher Güter zum Inhalt haben“, Grundzüge der theoretischen Volkswirtschaftslehre, Stuttgart 1943, S. 11 u. 68. — A. *Weber*, „Die Familie, einst Trägerin des gesamten Wirtschaftslebens, mußte eine Funktion nach der andern an neue Wirtschaftsgebilde abgeben. Nur ausnahmsweise hat noch hier und da auf dem Lande die Familie als einheitlich verbundene Konsumtions- und Produktionswirtschaft Bedeutung. In der Regel ist die Familie heute nur noch der Haushalt, der für Regelung des Güterverbrauches und zwar in einem allmählich immer kleiner gewordenen Kreis zu sorgen hat.“ Allgemeine Volkswirtschaftslehre, München-Leipzig 1928, S. 84.

[38] H. *v. Stackelberg*, a.a.O., S. 88.

[39] Vgl. Ch. *v. Reichenau*, Die Bäuerin. Ein methodischer Versuch, in den Jahrbüchern für Nationalökonomie und Statistik, Bd. 153, Jena 1941, S. 678 ff.

Legen wir uns auch hier die Frage vor, warum Haushalt und Hauswirtschaft ebenfalls unter einen ihnen nicht zukommenden Begriff subsumiert theoretisch unbearbeitet blieben und welche unbekannten Faktoren dafür verantwortlich zu machen sind. Vor allem scheint es die Kleinheit der Produktion Hauswirtschaft zu sein, die das Übersehen ihrer produktiven Tätigkeiten erklärt. Allerdings ist die Hauswirtschaft des Haushalts eine *sehr* kleine Produktion, doch ist die Zahl der Hauswirtschaften innerhalb der einzelnen Volkswirtschaft so beträchtlich, daß die Kleinheit der einzelnen Hauswirtschaft kein Grund für ihre theoretische Vernachlässigung sein kann[40] *. Daß diese für die Größe der gesamten hauswirtschaftlichen Produktion sprechende Zahl bisher nicht beachtet wurde[41], liegt daran, daß die Statistik nur die in häuslichen Diensten stehenden „Erwerbstätigen", aber nicht die in den Hauswirtschaften Arbeitenden erfaßt.

Daß Haushalt und Hauswirtschaft durch den ihnen nicht zukommenden Begriff der „Verbrauchswirtschaft" der Bearbeitung durch die volkswirtschaftliche Theorie entzogen wurden, liegt einmal in der Weltanschauung jener Zeit, in der die physiokratisch-klassische Lehre geboren wurde. Wird doch die Konsumtion im Haushalt durch die Frau *autoritativ* gelenkt. So liegt z. B. die Realisierung des ökonomischen Prinzips bei der Konsumtion überwiegend in ihren Händen. Der Konsument im Haushalt ist im Vergleich zum haushaltlosen Konsumenten dadurch relativ passiv! Sogar das Recht gibt ihr die „Schlüsselgewalt". Sie kann ihre Entscheidungen also, wenn sie es für gut hält, auch gegen den Willen der dem Haushalt angeschlossenen Konsumenten durchsetzen. Zwischen dem hauswirtschaftlichen Betriebsleiter, der Frau, und den im Haushalt lebenden Konsumenten steht ja kein Verteilungsmittel, auf dessen Erlangung durch Erfüllen der Konsumentenwünsche die Produktion „Hauswirtschaft" aus Rentabilitätsgründen ausgerichtet sein müßte. Wie konnte also eine Zeit, die jedes autoritative Eingreifen ablehnte und gemäß der natürlichen Ordnung alles dem freien Spiel der Kräfte überlassen wollte, Interesse daran haben, den Haushalt zu sichten?

---

[40] Vgl. zum Folgenden St. *Chase*, „... genau betrachtet kann man also den Haushalt als das größte Einzelgewerbe des Landes bezeichnen, und zusammengefaßt stellen die Haushaltungen eine ungeheure industrielle Anlage dar mit Öfen und Kesseln mit Heizanlagen, Wascheinrichtungen und Reinigungsapparaten." „Tragödie der Verschwendung", Berlin-München 1927, S. 192.

* Im folgenden ist der Originaltext der Verf. gekürzt worden, da sie sich über die Zahl der Familienhaushalte Deutschlands und Österreichs nach dem Stande von 1933 und 1938 verbreitete, die heute veraltet ist, außerdem mit dem Inhalt der vorstehenden Arbeit nur äußerlich zusammenhing. (Hrsg.)

[41] M. G. *Reid*, „The productive work of the household has been overlooked even though more workers are engaged in it, than in any other single industry." Economics of the household production, New York 1934, S. V.

Ferner sollte freie Konkurrenz bekanntlich die von Gott gewollte, natürliche und für die gesamte Wirtschaft beste Ordnung sein, durch die Möglichkeit des Arbeitsplatzwechsels die Lage der Arbeitenden verbessern und durch eine automatisch erfolgende Auslese zu einer Höherentwicklung der gesamten Produktion führen, weil die Käufer bei Wahlfreiheit nur da kaufen würden, wo am besten und billigsten geliefert würde. Der Einkauf von Gütern und Dienstleistungen durch den Haushalt spielt sich in einer „natürlichen Wirtschaftsordnung“ zwar innerhalb der freien Konkurrenz ab, doch kann im Familienhaushalt — und der überwiegende Teil der Haushaltungen sind ja Familienhaushalte — weder die Hausfrau bei noch so großer Überlastung, da sie durch die Ehe an eine bestimmte Hauswirtschaft gebunden ist, ihren Arbeitsplatz verlassen, um sich einen besseren in einem anderen Haushalt auszusuchen, noch können die einer bestimmten Hauswirtschaft angeschlossenen Konsumenten, als Familienangehörige, einen besser funktionierenden Haushalt aufsuchen, wenn der eigene sie nicht befriedigt. Hier bestehen nicht lösbare Bindungen! In dem hauswirtschaftlichen Sektor findet daher auch bei freier Konkurrenz in der Volkswirtschaft keine Auslese, also keine automatische Höherentwicklung statt. Das optimistische Bild der natürlichen Ordnung hätte also eine dunkle Stelle bekommen, wenn man die Hauswirtschaft als Produktion gesichtet hätte.

Ein weiterer Grund für das Übersehen der Hauswirtschaft als einer Produktion lag in dem Bestreben der entstehenden volkswirtschaftlichen Theorie, sich nach dem *Vorbild der Naturwissenschaft* zu gestalten. Sie tat dies bekanntlich, indem sie aus der Naturwissenschaft die Idee des Gleichgewichts[42], das man zuerst nur auf zwei Phänomene bezog, übernahm. Sie tat es dann später durch Anwendung der sog. mathematischen Methode *Descartes'*, d. h. des atomistischen Verfahrens, um durch Zurückgehen auf letzte, gleiche Einheiten ebenso klare, deutliche und unmittelbar gewisse Erkenntnisse wie in der Naturwissenschaft zu gewinnen[43]. War es in der Philosophie das „cogito ergo sum“, das diese letzte Einheit darstellte, in der Naturwissenschaft das Atom, so war es in der Wirtschaftswissenschaft der homo oeconomicus, daher der in der Produktion unbegrenzt und überall nach Geldgewinn strebende Wirtschafter. Dabei versuchte die volkswirtschaftliche Theorie sich zugleich auch in bezug auf Exaktheit der Naturwissenschaft anzunähern, indem sie sich bekanntlich wie diese möglichst auf die Er-

---

[42] K. *Pribram*, Die Idee des Gleichgewichts in der älteren nationalökonomischen Theorie, „Zeitschr. f. Volksw., Sozialpol. u. Verw.“, Bd. 17, 1908, Heft 1.

[43] R. *Descartes*, Discours sur la méthode. Dt. Übers. von K. *Fischer*, hrsg. von H. *Rickert*, Heidelberg 1930.

fassung des Quantitativen ausrichtete und die Preislehre als zentrale Lehre ausbaute, wobei man mit der Idee des Gleichgewichts dann schließlich die gesamte Volkswirtschaft zu begreifen suchte.

Durch die so ausgerichtete volkswirtschaftliche Theorie läßt sich aber die Hauswirtschaft als Produktion nicht voll erfassen. Sie kauft zwar, *aber sie verkauft nichts,* d. h. sie ist nur einseitig marktverflochten. Zwar kann sie Sparkapitalien verkaufen, Altmaterial, Antiquitäten, Zimmer vermieten, aber diese Marktverflechtungen sind für sie nicht wesentlich. Eine Hauswirtschaft kann auch ohne diese bestehen. Zwar hat man eine zweiseitige Marktverflechtung durch den Hinweis zu konstruieren versucht, daß der Haushalt ja Arbeitsleistungen verkaufe[44], aber erstens würde dies nicht für alle Haushaltungen gelten, z. B. nicht für Rentnerhaushaltungen, und zweitens verkauft ja in Wirklichkeit gar nicht der Haushalt, bzw. die Hauswirtschaft, Arbeitsleistungen, sondern der Einzelne tut es, und es liegt in seiner Hand, wieviel von seinem Arbeitsentgelt er dann in die Hauswirtschaft weiterleiten will. Da es also nicht zum Wesen der Hauswirtschaft gehört, wieder zu verkaufen, so spielt bei ihr zwar das ökonomische Prinzip, nicht aber, wie bei den übrigen Produktionen, das Geldgewinnstreben eine Rolle und so ist sie mit ihrer Produktion in die Tendenz zum volkswirtschaftlichen Gleichgewicht nicht voll eingeschaltet. Der Haushalt ist also in bezug auf seine Produktion Hauswirtschaft mit der bisherigen Methode der volkswirtschaftlichen Theorie nicht ganz erfaßbar, und so steht für die Theorie nicht der Haushalt bzw. die Hauswirtschaft am Markt, sondern der *„letzte Konsument“ — haushaltlos!* —, der dann ebenfalls als letztes Atom unbegrenzt und überall nach Nutzen strebend aufgefaßt wird. Auch die wirtschaftstheoretische Forschung Amerikas behandelt Haushalt und Hauswirtschaft nicht[45]. Sie sichtet und erwähnt den Haushalt — wie gesagt — nur hin und wieder kurz. Das Verfahren der volkswirtschaftlichen Theorie grenzt also hier das von der Theorie zu erforschende Gebiet der Volkswirtschaft ab. Die wissenschaftliche Methode ihrerseits ist aber von der Weltanschauung der Zeit abhängig, in der sie gefunden wird. Die Art, die Welt zu betrachten, hebt für die Wissenschaft nicht nur einen bestimmten, jeweils verschiedenen Kreis von zu bearbeitenden Phänomenen heraus, sondern bestimmt auch die Weise ihrer Bearbeitung, so daß aus jenem Kreise dann ein Teil der Phänomene wieder ausscheidet, weil er sich der Erfassung mit jener Methode entzieht. Die atomistische, d. h. auf einzelne „letzte“ gleiche

---

[44] Vgl. u. a. z. B. H. *v. Stackelberg,* a.a.O., S. 68.

[45] Dagegen gibt es in Amerika eine Fülle mehr populärer Arbeiten über Haushalt, die wissenschaftlichen Anforderungen nicht genügen können. Das Buch von H. *Kyrk,* Economic problems of the family, New York 1933, ist uns leider nicht zugänglich gewesen.

Teile der Erscheinungen zurückgehende Methode der Wissenschaft wird von der individualistischen Weltanschauung der Aufklärung getragen, welche die Einzelnen als „letzte" höchste Teile wertet und sie zugleich in bezug auf ihre Rechte für „gleich" ansieht. Daher sind die unbekannten Faktoren, die die Konsumtion sowie den Haushalt und die Hauswirtschaft der theoretischen Forschung entzogen, alles Kräfte, die von der Weltanschauung einer spezifischen Zeit ausgingen. Die Weltanschauung einer Zeit kann also — wie gesagt — durch spezifische Begriffsbildungen den Erkenntnisdrang der Wissenschaft in bestimmter Richtung hemmen. Sie bedient sich bei Freiheit der Wissenschaft also unbemerkt der Wissenschaft selbst, um die Forschung zu dirigieren.

III. Eigener Lösungsversuch

1. Die Hauswirtschaft als „letzte Produktion"

Um die Theorie des Konsums weiter auszubauen[46], als es bisher der Fall war, schlagen wir einen besonderen Weg ein. Da der Haushalt sowohl die Hauswirtschaft als Produktion als auch den Konsum der im Haushalt Lebenden umfaßt und da *Produktion und Verbrauch hier eng ineinander verzahnt sind, so muß die Hauswirtschaft die Eigenart des Konsums im Haushalt spiegeln.* Infolgedessen können wir durch eine Erfassung der ersteren die Eigenart der letzterer erschließen. Während die volkswirtschaftliche Theorie, allerdings mit Ausnahme der amerikanischen, den Verbrauch bisher nur erfaßte, um mit Hilfe seiner Erkenntnisse die Probleme der Produktions- und Verteilungssphäre besser lösen zu können — die Erforschung des Konsums war, wie schon gesagt, nur Mittel zum Zweck —, so werden wir jetzt (und das ist das methodisch Besondere unserer Ausführungen!) umgekehrt von der Produktion, und zwar von der „letzten Produktion" ausgehen, um nun den Verbrauch besser erforschen zu können. Jetzt ist also die Erfor-

[46] Wir lehnen hier also den von W. *Eucken* in: Die Grundlagen der Nationalökonomie, a.a.O., S. 10 ff. vertretenen Standpunkt ab, daß das *Unterscheiden von gesonderten Sphären der Produktion, Zirkulation, Distribution und Konsumtion der wirtschaftlichen Wirklichkeit nicht gerecht würde und verschwinden müsse, weil es zur Verkennung der Einheit wirtschaftlichen Geschehens führe.* Dagegen muß eingewandt werden, daß wir, um zu erkennen, das Einzelne, d. h. auch die einzelne wirtschaftliche Sphäre, erst in seiner Eigenart erfassen müssen, um die Verbundenheit des Verschiedenartigen zur Einheit wirtschaftlichen Geschehens dann als tieferes Problem der Erkenntnis zu lösen. Wissenschaftliches Arbeiten ist immer auf irgendeine Weise nur abstraktes Arbeiten. Die gesonderte Sphäre des Konsums, die wir hier in ihrer spezifischen Eigenart erforschen, wird von uns — abgesehen von der Klarlegung des Zusammenhangs der Atmosphären — *bewußt abstrahierend,* d. h. losgelöst von der Sphäre der Produktion untersucht und ihr gegenübergestellt, obwohl wir wissen, daß in Wirklichkeit beide Sphären verbunden sind.

schung der Produktion Hauswirtschaft nur Mittel zum Zweck. Mit Hilfe dieses methodischen Kunstgriffes vermeiden wir es, daß unsere Untersuchung über den Konsum von den Erkenntnissen der Grenznutzenschule beeinflußt wird, die sich ja nur auf den haushaltlosen Verbraucher beziehen.

Ferner gehen wir zuerst nur von dem *Familienhaushalt* aus, weil dieser die größte Zahl, nämlich 89,5 v. H. aller Haushaltungen, umfaßt, während der Anteil der Einzelhaushaltungen nur 10,1 v. H. und derjenige der Anstaltshaushaltungen nur 0,4 v. H. ergibt[47], so daß wir die Anstaltshaushaltungen sogar völlig beiseite lassen können[47]. Außer in der Statistik finden wir Einzel- und Familienhaushalt nirgends definiert. Die Statistik, die bei Haushalt „die zu einer Wohn- und Hausgemeinschaft vereinigten *Personen*" meint[49], versteht demgemäß unter „Einzelhaushalt" einen Haushalt mit nur 1 Person, unter „Familienhaushalt" einen Haushalt mit 2 oder mehr Personen ohne Anstaltshaushalt[50]. Der Begriff „Familienhaushalt" deckt sich für die Statistik also nicht mit dem Haushalt der Familie im biologischen Sinn; er ist weiter, da er ja auch Haushaltungen umfaßt, die nur aus *einem* Haushaltungsvorstand und einem oder mehreren Angestellten bestehen. Im Gegensatz zur Statistik wollen wir in den nun folgenden Ausführungen bei „Familienhaushalt" immer nur von dem Haushalt einer *Familie im biologischen Sinne* ausgehen. Von dem *„Familienhaushalt"* im eben angegebenen Sinne unterscheiden wir den *„Einzelhaushalt"*. Er kann mit Angestellten geführt werden, also zugleich ein Mehrpersonenhaushalt oder ein Haushalt sein, in dem nur eine Einzelperson lebt, d. h. einen *„reinen Einzelhaushalt"* darstellen. Da wir in dieser Arbeit von den Hausangestellten abstrahieren, so werden wir nur den letzteren berücksichtigen. Diese Gliederung der Haushaltungen entspricht der Gliederung des Verbrauchs im Haushalt in *„Familienkonsum"* und *„Einzelhaushaltskonsum"*. Von diesen zwei Formen des Haushaltskonsums unterscheiden wir ganz scharf den *„haushaltlosen Einzelkonsum"*, welchen die Grenznutzenschule bereits untersuchte. Der Einzelkonsum ist also mehrdeutig, weil er — und zwar ist das, wie wir noch sehen werden, ein wichtiger Unterschied — sowohl haushalt*lich*, wie haushalt*los* sein kann. Dabei sind der haushaltlose Einzelkonsument wie der dem Familienhaushalt angeschlossene Konsument nicht immer reale Personen, sondern oft nur Denkfiguren der Theorie, weil

[47] „Stat. Jb.", 1938, S. 29.

[48] Unter Anstaltshaushaltungen versteht die Statistik „alle Personengesamtheiten, die freiwillig oder gezwungen unter besonderer Oberleitung eine einheitliche Wohn- und Kostgemeinschaft bilden", „Wirtschaft u. Stat.", 21. Jahrg., Nr. 17, 1941, S. 322.

[49] „Wirtschaft u. Stat."., 21. Jahrg., Nr. 17, 1941, S. 317.

[50] „Die Haushaltungen im Deutschen Reich nach Art, Größe und Zusammensetzung, „Wirtschaft u. Stat.", 21. Jahrg., Nr. 17, 1941, S. 317 ff.

dasselbe Individuum mehr oder minder stark teils in den Familienkonsum, teils in den Einzelkonsum verflochten sein kann. Wir fragen jetzt also danach, welche Art von Produktion die Hauswirtschaft im Vergleich zu den übrigen Produktionen in der Volkswirtschaft darstellt.

Die Hauswirtschaft hebt sich als Produktion in der Reihe der übrigen Produktionen nicht nur dadurch heraus, daß ihre Abnehmer ihr ohne Zwischenschaltung eines Marktes und Verteilungsmittels, sowie ohne die Möglichkeit der Abwanderung angeschlossen sind, nicht nur dadurch, daß ihr Betriebsleiter seinen Konsumenten gegenüber eine autoritative Stellung hat, sondern auch dadurch, daß sie — wie schon gesagt — in der Reihenfolge der Produktionen die *„letzte Produktion“* ist. Dabei ist nun wichtig, daß die Hauswirtschaft auch *dann* noch eine Produktion bliebe, wenn sie *alles* fertig kaufen würde. Denn auch, wenn sie alles fertig kauft, besteht ihre produktive Leistung immer noch darin, daß sie — während die übrigen Produktionen einzelne Güter herstellen — die von ihr auf dem Markte fertig gekauften Güter zu Gruppen und die Gütergruppen zu einer Einheit für den Verbrauch zusammenschließt. Darin liegt ihre bedeutsame volkswirtschaftliche Funktion! Denn nicht nur die Produktionsgüter, sondern auch die Konsumtionsgüter sind *komplementär*. Das hat zum Teil schon die Grenznutzenschule gesehen[51], doch nicht weiter verfolgt, während die amerikanische Theorie seit *Patten* diese Sicht immer wieder betont und weiter ausbaut[52]. Durch dieses Zusammenfügen von Gütern zu komplementären Gruppen und dieser Gruppen zu einer letzten großen, alles zusammenschließenden Einheit wird nun ein größerer Nutzen erreicht, als wenn die einzelnen Güter jeweils für sich allein verzehrt würden. *Patten* hat diese Werterhöhung der Güter durch Komplementarität das „law of harmony“ genannt[53] und u. a. dargelegt, daß viele Güter außerhalb der Komplementarität nicht nur geringeren oder keinen, sondern — wie z. B. Salz[54] — sogar einen negativen Wert besäßen. Diese Güter mit negativem Wert erhalten ihren positiven Wert erst innerhalb einer komplementären Gruppe. *Watkins* spricht daher von der „complementary utility“, welche durch Zusammenfügen von Gütern zu einer Gruppe entsteht, und scheidet diese scharf von der „peculiar utility“ des einzelnen Gutes, das für sich allein verbraucht wird[55]. Verbrauchsvor-

---

[51] Vgl. z. B. V. *Pareto*, Manuel d'Economie politique. Paris 1909, S. 251 ff., besonders S. 254.

[52] Vgl. S. N. *Patten*, The theory of dynamic economics, a.a.O., S. 41 ff. — H. *Kyrk*, a.a.O., S. 170. — T. *Veblen*, a.a.O., S. 201. — G. P. *Watkins*, a.a.O., S. 91, 95, 108. — E. E. *Hoyt*, a.a.O., S. 265 u. 401. — *Dieselbe*, The consumption of wealth, New York 1928, S. 245.

[53] S. N. *Patten*, The theory of dynamic economics, a.a.O., S. 41 f.

[54] S. N. *Patten*, Bedeutung der Lehre vom Grenznutzen, a.a.O., S. 507.

[55] G. P. *Watkins*, a.a.O., S. 13 ff.

stellungen der Schichten beziehen sich also nicht auf einzelne Güter, und das, was die Menschen im Haushalt konsumieren, sind nicht einzelne Güter, sondern in die Verbrauchsvorstellungen und den realen Verbrauch des Haushalts gehen große Einheiten komplementärer Gütergruppen ein, für welche der Satz gilt, daß das *Ganze mehr ist als die Summe seiner Teile*[56]. Von der Komplementarität der Konsumgüter aus haben dann *Patten* und *Watkins* das Problem der Zurechnung erneut aufgerollt und zu lösen versucht.

Die Hauswirtschaft ist also nicht „steril". Sie für steril zu halten, ist ein heute noch existierender Rest physiokratischen Denkens, der überwunden werden muß. Sie ist also nicht nur durch Verarbeitung produktiv, sondern vor allem auf die eben genannte Weise in *starkem Maße Werte schaffend*. Alle übrigen sonst stets aufgezählten Funktionen der Hauswirtschaft, wie z. B. das Instandhalten von Gütern, die Planmäßigkeit ihres Vorgehens usw., sind für sie nicht wesentlich, sondern sind *allen* Produktionen eigen. Die spezifische, d. h. nur ihre eigene Tätigkeit der Hauswirtschaft blieb daher bisher völlig außer Sicht. Da man die Hauswirtschaft, so z. B. die geschlossene Hauswirtschaft, nur so lange für produktiv ansah, als sie noch Tätigkeiten umfaßte, deren werteschaffende Leistung unbestritten ist, so mußte sie, je mehr diese Tätigkeiten sich im Verlauf der Geschichte aus ihr lösten und als Produktionen verselbständigten, das Bild immer stärker werdender Unproduktivität bis zur fast völligen Sterilität in der Gegenwart bieten. Allerdings haben sich bei zunehmender Arbeitsteilung von der Hauswirtschaft, wie von allen übrigen Produktionen in der Volkswirtschaft, immer mehr Tätigkeiten getrennt und verselbständigt, doch gilt auch für sie das Gleiche, was für alle anderen Produktionen nach dem berühmten Beweis von *A. Smith* über die Wirkungen der Arbeitsteilung gilt, nämlich, daß für eine Produktion der Verlust von werteschaffender Tätigkeit infolge Verselbständigung dieser letzteren durch die Erweiterung der ihr restlich verbleibenden Funktion weit überkompensiert worden ist. Die der Hauswirtschaft restlich verbleibende Funktion wurde bisher aber gar nicht erkannt! Durch die infolge der zunehmenden Arbeitsteilung und der fortschreitenden Kultur gesteigerten Gütermengen und Arten wird die Hauswirtschaft im Verlaufe der Geschichte immer fähiger, Güter zu großen Einheiten zusammenzuschließen, wird also im Gegenteil nicht immer unproduktiver, sondern wie alle übrigen Produktionen in immer stärkerem Maße werteschaffend. Daher ist also der Verbrauch im Haushalt — ob Familien- oder Einzelhaushalt — kein Verbrauch einzelner, sondern ein Verbrauch *komplementärer, zu einer geschlossenen Einheit zusammengefügter Güter*.

---

[56] H. *Kyrk*, a.a.O., S. 170. — G. P. *Watkins*, a.a.O., S. 91 u. 107.

Betrachten wir dagegen den haushaltslosen Konsumenten, so sehen wir, daß bei ihm der Verbrauch komplementärer Güter eine viel geringere Rolle spielt. In seinem Konsum ist die Gruppenbildung der Güter bedeutungsloser und fehlt die geschlossene Einheit derselben völlig. Er nähert sich durch den überwiegenden Verbrauch *einzelner* Güter in der Tat dem Bilde, das die Grenznutzenschule von dem Konsumenten schlechthin entwirft. Durch diese scharfe Trennung des „haushaltslosen" vom „haushaltlichen" Konsum unterscheiden wir uns von der amerikanischen Theorie, die die Erkenntnisse der Grenznutzenschule *nur* für geschichtlich frühere Zeiten als zutreffend ansieht. Allerdings haben Haushaltsverbrauch und haushaltsloser Einzelverbrauch in primitiven Zeiten als Konsum einzelner Güter wenig differiert. Doch hat sich im Verlauf der Geschichte ganz allmählich der Haushaltsverbrauch in seiner spezifischen produktiven Eigenart immer stärker entwickelt, während der haushaltlose Konsum der gleichen Entwicklung nicht folgen konnte.

Zu dieser Gütereinheit, die die Hauswirtschaft schafft, gehören nicht nur die bisher für den Verbrauch bekannten Güter und Leistungen. Wir wissen, daß es in jeder Produktion eine sogenannte *Betriebsatmosphäre*[57] gibt, die in bezug auf die Leistung des Betriebes eine bedeutsame Rolle spielt, indem sie die Arbeitslust fördert oder hemmt. Wer diese Betriebsatmosphäre in ihrem qualitativen Gegebensein beeinflußt, ist sehr verschieden. Nicht immer hat der Unternehmer, sondern oft irgendein Arbeiter oder eine Arbeitergruppe, auf dem Bauernhof die Bäuerin[58], auf sie den meisten Einfluß. Sonst tritt diese Atmosphäre dem Einzelnen im Betrieb als etwas Gegebenes gegenüber, das ihn in sich hineinzieht. Die Hauswirtschaft hat nun nicht nur als Produktion eine Betriebsatmosphäre, sondern zu der komplementären Gütereinheit, die durch sie für den Verbrauch geschaffen wird, gehört ebenfalls eine seelisch-geistige Atmosphäre, weil die dem Haushalt angeschlossenen Konsumenten eine solche zu ihrem Leben brauchen. Diese seelisch-geistige Atmosphäre wird — im Gegensatz zu den Betriebsatmosphären, die sich bisher als ein die Herstellung ungewollt begleitender Tatbestand vorfanden[59] — in der Hauswirtschaft bewußt für den Verbrauch durch den Betriebsleiter, die Frau, geschaffen und entsprechend dem Bedürfnis der Konsumenten gestaltet. Sie ist ein wichtiges Produktionsziel der Hauswirtschaft und stellt zugleich ein Konsumgut dar, weil sie, wie alle anderen Güter, nützlich und selten ist. Sie ist nützlich, weil die Konsumenten sie zum Leben brauchen — Ärzte spre-

---

[57] G *Briefs*, Betriebsführung und Betriebsleben in der Industrie, Stuttgart 1934, S. 74 ff.

[58] Ch. *v. Reichenau*, Die Bäuerin . . ., a.a.O., S. 688.

[59] G. Briefs, a.a.O., S 74

chen z. B. von „seelisch unterernährten Kindern", wo die häuslich-konsumtive Atmosphäre den Bedürfnissen derselben nicht entspricht —, und sie ist selten, denn sie ist an und für sich nicht so gegeben, wie sie gebraucht wird, so daß sie immer aufs neue gestaltet werden muß. Indem diese Atmosphäre zu den übrigen für den Konsum bestimmten Gütern ebenfalls komplementär hinzutritt, wirkt sie werterhöhend auf die Gütereinheit und damit werterhöhend auf alle Güter. Auch aus diesem Grunde ist es falsch, die Hauswirtschaft als „steril", d. h. als unproduktiv zu betrachten. Und ferner erscheint nun der Haushalt nicht nur durch den Kauf von Gütern und Leistungen mit der Volkswirtschaft verbunden, sondern — das zeigt sich jetzt als neue Sicht — auch durch den Zusammenhang der Atmosphäre, da ein großer Teil der Menschen, also *derselbe* Mensch, als Konsument in einem Haushalt lebt *und* irgendwo in der Volkswirtschaft in einer Produktion arbeitet, so daß sich die seelische Haltung in der einen Atmosphäre auf die andere überträgt. Die Atmosphären haben infolgedessen die Tendenz, sich einander anzugleichen. Von welcher Atmosphäre dabei der größere Einfluß ausgeht, das scheint im Wandel der Zeiten verschieden zu sein. Wo das Handwerk sich wie im Mittelalter, mit seiner Werkstatt dem Hause und wo seine Arbeitenden sich auch in den Konsum des Haushalts einfügten, wo sich zudem in das Arbeitsjahr eine große Menge Festtage einschoben, wo ferner die schlechten und gefährlichen Beleuchtungsverhältnisse des Winters ein ausgedehntes Arbeiten verhinderten, da mag trotz des längeren Arbeitstages im Sommer die betriebliche Atmosphäre gegenüber der häuslich-konsumtiven die schwächere gewesen sein[60]. Sobald Haus und Werkstatt sich aber räumlich trennen und der Arbeitstag sich auszudehnen beginnt, bekommen die außerhäuslichen Betriebsatmosphären allmählich das Übergewicht über die im Hause für die Konsumenten geschaffene Atmosphäre. Die menschliche Entfremdung[61], in welche der Lärm und das Tempo der Fabrikarbeit sowie der Klassenkampfgedanke den Arbeitenden hineinzogen, führte bei der Tendenz der Atmosphären, sich einander anzugleichen, auch zu einer immer stärker werdenden Entfremdung innerhalb der häuslich-konsumtiven Atmosphäre und somit zu einer immer stärker werdenden Auflösung der Familie. Diese letztere Auflösung ist also nicht allein das Werk individualistischer Weltanschauung oder die unmittelbare Folge der geringen für die Familie zur Verfügung stehenden Zeit — diese hätte durch ein stärkeres füreinander Geöffnet-

[60] Vgl. G. *Schmoller*, Die soziale Frage, München-Leipzig 1918, S. 226. — H. *Herkner*, Artikel „Arbeitszeit" in „H. d. St.[4]", Jena 1923. — J. *Kulischer*, Allgemeine Wirtschaftsgeschichte des Mittelalters und der Neuzeit, Bd. I, „Das Mittelalter", München-Berlin 1928, S. 212. — A. *v. Kranold*, Artikel „Arbeitszeit" in Handwörterbuch der Arbeitswissenschaft, Halle 1930.

[61] G. *Briefs*, a.a.O., S. 13 ff.

sein ausgeglichen werden können —, sondern ist vor allem die Folge des Zusammenhangs der Atmosphären in einer Zeit, in welcher eine bestimmt geartete außerhäuslich-betriebliche Atmosphäre das Übergewicht über die häusliche Atmosphäre hat. Es ist kein Zweifel, daß eine *bewußte* Gestaltung der außerhäuslichen Betriebsatmosphären, ohne es zu wollen, auch einen günstigen Einfluß auf die häuslichen Atmosphären und damit auf das Familienleben haben wird.

Zudem will der an einen bestimmten Haushalt angeschlossene Konsument sich in ihm für *immer* getragen, d. h. geborgen wissen. Da der Verbraucher ferner, weil er als Familienangehöriger an einen bestimmten Haushalt fest angeschlossen ist, diesen Haushalt und damit die in diesem enthaltene Hauswirtschaft nicht wechseln kann, so *muß* er von seiner Produktion Hauswirtschaft *Dauerhaftigkeit* verlangen. Während er sonst mit seiner Nachfrage von einem Unternehmen zu einem anderen übergehen kann, wenn eines derselben infolge von Unrentabilität zu produzieren aufhört, darf also die Hauswirtschaft ihre Produktion niemals einstellen, und da sie nicht auf Rentabilität ausgerichtet ist, so muß sie sie auch niemals als unrentabel einstellen. Wie wir seit *J. B. Clark* unter „Kapital" nicht mehr nur einzelne „produzierte Produktionsmittel" verstehen, sondern auch die dauerhafte Wertsumme, die sich in den einzelnen wechselnden Produktionsgütern verkörpert, welche eingesetzt, verbraucht und immer wieder durch neue ersetzt werden, so sehen wir, daß auch die Hauswirtschaft eine Gütereinheit produziert, die als dauerhaftes Ganzes sich in den einzelnen wechselnden Konsumgütern gleichfalls immer wieder nur vorübergehend verkörpert. Ebenso wie die Produktionsmittel in einer Fabrik werden die einzelnen Verbrauchsgüter für den Konsum eingesetzt, verbraucht und durch die Hauswirtschaft immer wieder erneuert, während das Ganze, das sich in den einzelnen Gütern verkörpert, trotz des steten Verzehrs derselben genau so bestehen bleibt, wie das Kapital als Wertsumme es tut, so lange das Unternehmen sich rentiert, oder wie bei einem Körper das Ganze trotz des steten Absterbens von Zellen erhalten bleibt. Es ist also nicht nur deshalb keine ausreichende Betrachtung, sich den Konsum als Verzehr bzw. Nutzung *einzelner* Güter vorzustellen, weil die Hauswirtschaft in *einem gegebenen Augenblick* nicht einzelne Güter, sondern eine geschlossene Gütereinheit liefert, sondern auch deshalb, weil sich der Haushaltskonsum im Verlauf der Zeit nicht nur als ein aufeinanderfolgender Verzehr bzw. aufeinanderfolgende Nutzungen darstellt, sondern weil es sich bei ihm um den Konsum eines dauerhaften Ganzen handelt. Dieses dauerhafte Ganze ist in der Stufenfolge der Güter *„das Gut nullter Ordnung", dessen Eigenart im Unterschied zu andern Güterarten darin besteht, daß es nicht verzehrt zu werden vermag.* Verzehrt werden können nur seine wechselnden Teile. *Kon-*

sum war also auch darum als Zerstörung von Gütern, d. h. als etwas Technisches, hier nicht richtig gesichtet. An diesem dauerhaften Ganzen, das die Hauswirtschaft produziert, haben die Konsumenten im Haushalt „teil". Die Konsumtion ist hier also keine Zerstörung, sondern in einem gegebenen Augenblick ein „Teilhaben". Wir bezeichnen dieses dauerhafte Ganze am besten als *„konsumtiven Lebensraum"*, weil „Lebensraum" durch das Wort „Raum" am besten das dauernde Geborgensein des Konsumenten im Haushalt wiedergibt, und weil das Wort „Leben" zeigt, daß hier nicht wie bei dem Konsum *einzelner* Güter *einzelne* Bedürfnisse befriedigt werden. Die Summe des Verbrauchs der *einzelnen Güter* in einem bestimmten Zeitabschnitt bei einem Individuum bzw. einer Schicht — wie sie z. B. die Statistik zu erfassen sucht — bezeichnen wir, wie bisher üblich, im Gegensatz zum „Lebensraum" als „Lebenshaltung". Die Hauswirtschaft produziert jenes dauerhafte Ganze „Lebensraum", um durch die einzelnen Bedürfnisbefriedigungen, oft auch auf Kosten einzelner Bedürfnisbefriedigungen, das Leben der Konsumenten nach Möglichkeit zu heben und zu fördern. *Der haushaltslose Einzelkonsument befriedigt mit einzelnen Gütern immer nur einzelne Bedürfnisse; der an einen Haushalt angeschlossene Konsument erlangt durch die Hauswirtschaft mehr, nämlich Lebensförderung.* Dem dauerhaften Ganzen konsumtiver Lebensraum als Mittel des Konsums steht im Haushalt auch das dauerhafte Ganze „Leben" als Ziel des Konsums gegenüber.

Dieser Lebensraum, den die Hauswirtschaft für ihre Konsumenten produziert, muß sich bei der Kleinfamilie im Laufe der Zeit in bezug auf die Art der einzelnen Güter und auf die Atmosphäre entsprechend dem Alter der Familienangehörigen wandeln. Er muß anders sein, wenn Kinder vorhanden sind; anders, wenn die Familie nur Erwachsene umgreift. Bei der Großfamilie ist der konsumtive Lebensraum im Haushalt dagegen zu jeder Zeit sehr viel gleichartiger, weil hier immer Menschen jeden Alters zusammen leben. Weiter ist der konsumtive Lebensraum im Haushalt, in jeder Form desselben, auch deshalb im Verlauf der Zeit nicht gleichartig, weil er Veränderungen in bezug auf sein qualitatives Gefüge unterliegt, da wir immer wieder Bedürfnis nach Abwechslung haben[62], nach Lebendigkeit *und* Ruhe, nach Ernst *und Freude*, nach Arbeit *und* Erholung, nach hellen *und* dunklen oder bunten *und* nicht-bunten Farben usw. Die *qualitativen Veränderungen des konsumtiven Lebensraumes im Haushalt gehorchen also einem Formgesetz: sie sind rhythmisch und polar. Doch nicht nur im Verlauf der Zeit, auch in einem gegebenen Augenblick ist das Gefüge des konsumtiven Lebensraumes im Haushalt polar gestaltet.* Unsere Nahrungsaufnahme bei einer Mahlzeit umfaßt z. B. Flüssiges *und* Festes, Heißes

[62] Vgl. hierzu auch R. *Wilbrandt*, a.a.O., S. 811.

und Kaltes, Süßes *und* Saures. Das Sinken der Bedürfnisbefriedigung bei dem Genuß homogener Güter wird daher nicht nur durch Einfügen andersartiger Bedürfnisbefriedigungsmittel, sondern durch Einfügen qualitativ entgegengesetzter, d. h. *polarer Konsumgüter* aufgehalten. Diese Sicht klärt das Wahlproblem bedeutsam weiter auf. In den konsumtiven Lebensraum werden vom der Hauswirtschaft also „*Gegenstände*“ eingefügt, d. h. „Gegenstände“ in jenem alten Sinn des Wortes, der das Gegensätzliche der Phänomene mitumgreift, also in jenem Sinne, welchen die Aufklärung, die aufbauend auf *Descartes* nur auf letzte gleiche Teile zurückgehen wollte, dem Wort nicht mehr unterlegte. Daher wollte *Thomasius* diese Bedeutung des Wortes Gegenstand nur noch zögernd zulassen und *Christian Wolff* gab sie in seiner Schulsprache dann schließlich ganz auf, indem er „Gegenstand“ nur noch im Sinne von „Objekt“ gebrauchte. Der polare Aufbau des konsumtiven Lebensraumes, d. h. seine „Gegenständlichkeit“ im alten Sinne, ist nun ebenfalls eine besondere werteschaffende Leistung der Hauswirtschaft. Auch im Hinblick auf diese Tätigkeit ist es falsch, die Hauswirtschaft als „steril“ zu bezeichnen, denn durch die Polarität des Konsumgefüges wird höherer Nutzen geschaffen, weil der Konsum des polar Entgegengesetzten Ermüdungserscheinungen weniger unterliegt als das nur Andersartige.

Dagegen sind die Güter der haushaltlosen Einzelkonsumenten nicht nur viel weniger komplementär, sondern auch viel weniger polar aufeinander bezogen. Der haushaltlose Einzelkonsument nimmt sich nicht in dem Maße Zeit und Mühe und hat nicht in dem Maße Zeit und Kraft, seine Konsumtion auf Polarität hin zu gestalten. Infolgedessen erfaßt die Grenznutzenschule, die vom Qualitativen der Güter abstrahiert bzw. ihm keine Bedeutung beimißt, die haushaltlose Einzelkonsumtion sehr viel wirklichkeitsnäher, während ihre Lehrsätze in bezug auf die Haushaltskonsumtion Wesentliches außer Acht lassen. Diese Vernachlässigung wiegt um so schwerer, je fortgeschrittener die Zivilisation einer Volkswirtschaft ist, denn um so reichhaltiger wird dann der konsumtive Lebensraum in seinem polaren Gefüge durch die Hauswirtschaften gestaltet. Die Lehren der Grenznutzenschule sind also in bezug auf den überwiegenden Teil des Konsums — den Haushaltskonsum — viel zu abstrakt. Die volkswirtschaftliche Theorie Amerikas hat dagegen die Polarität des Verbrauchs bereits seit längerem gesehen[63], doch sie ist, mit Ausnahme von *Watkins*, auf dieselbe nicht näher eingegangen und bemerkt die Polarität zudem nicht als Spezifikum des haushaltlichen Verbrauchs[64]. Die Kritik *Watkins* an dem ersten *Gossenschen* Gesetz auf Grund der Erkenntnis des komplementären polaren Gefüges

[63] H. *Kyrk*, a.a.O., S. 170. — E. E. *Hoyt*, The consumption of wealth, a.a.O., S. 245. — G. P. *Watkins*, a.a.O., S. 137.

des Lebensstandards, in dem eben durch Eingliederung in das Ganze die für sich gesehenen homogenen Güter, auf die sich das erste *Gossensche* Gesetz bezieht, ihre Homogenität verlieren, trifft also nur für den Haushaltskonsum zu. Das *Gossensche* Gesetz behält für den haushaltlosen Einzelkonsumenten aus den obengenannten Gründen jedoch seine Gültigkeit[65].

Es wäre nun falsch, sich die Hauswirtschaft immer als eine Produktion vorzustellen, die konsumtiven Lebensraum nur für *einzelne* schafft. Das tut sie im Einzel- und im Anstaltshaushalt, im Familienhaushalt aber geschieht mehr. Täte sie das ebenfalls nur im Familienhaushalt, so wäre die Bedürfnisbefriedigung hier ebenso wie bei dem Anstaltshaushalt, da der Familienhaushalt ja auch ein Mehrpersonenhaushalt ist, eine reine Befriedigung von „gesammelten" Bedürfnissen, welche gegenüber dem Einzelhaushalt eine Ersparnis an Rohstoffen und Arbeitsleistungen mit sich bringt. Daß die Konsumenten, die in einem Familienhaushalt leben, Familienangehörige sind, das würde dann nur darüber entscheiden, *wer* mit seinem Verbrauch in den Haushalt hineingehört. Für die hauswirtschaftliche Produktion wäre also die Familie eigentlich völlig belanglos. — Dies ist jedoch keineswegs der Fall. Sondern die Tatsache, daß an die überwiegnde Zahl von Hauswirtschaften Familienangehörige angeschlossen sind, wird uns zum dritten Male eine spezifische Produktivität der Hauswirtschaft zeigen und wiederum beweisen, wie falsch es ist, die Hauswirtschaft als „steril" zu bezeichnen.

In der Finanzwissenschaft ist kürzlich die Auffassung vertreten worden, daß der Staat nicht, wie man bisher annahm, summierte Bedürfnisse einzelner, sondern spezifische Bedürfnisse der Gesamtheit zu befriedigen habe, die von den Bedürfnissen der einzelnen etwas völlig Verschiedenes seien und zudem von den einzelnen sehr verschieden stark empfunden würden, so daß staatlicher Zwang notwendig sei, damit sich alle dem notwendigen Aufwand zur Deckung der Gesamtheitsbedürfnisse fügten[66]. Zudem wird in der Finanzwissenschaft immer wieder der Gedanke ausgesprochen, daß eine Ähnlichkeit zwischen dem Privat- und dem Staatshaushalt[67] in der autoritären Stellung bestehe, die der Staat den Staatsbürgern und die Frau den dem Haushalt angeschlossenen Konsumenten gegenüber hätten. Gemäß der bisherigen Theorie müßte die autoritäre Stellung der Frau in bezug auf den Konsum darin liegen, daß sie als Betriebsleiterin das Gleichgewicht zwi-

[64] Eine Ausnahme bildet allerdings die kurze Bemerkung von *Watkins*, „The skill of the housewife depends upon a delicate sense for complementary relations", a.a.O., S. 88.

[65] G. P. *Watkins*, a.a.O., S. 111.

[66] H. *Ritschl*, Theorie der Staatswirtschaft und Besteuerung, Bonn-Leipzig 1925, S. 66 ff.

[67] H. Jecht, a.a.O., S. 206.

schen den Bedürfnisbefriedigungen der einzelnen durchzusetzen hat, das sich im Haushalt nicht automatisch verwirklichen kann. Die autoritäre Stellung der Frau bei dem Familienhaushalt ist jedoch — und darin liegt vor allem die Ähnlichkeit zwischen Staats- und Privathaushalt! — besonders darin begründet, daß sie ebenfalls gegenüber den Wünschen und Verlangen der einzelnen Gesamtheitsbedürfnisse, und zwar Gesamtheitsbedürfnisse der Familie vertritt.

Was aber sind Gesamtheitsbedürfnisse der Familie? Die Familie besteht nicht aus einer bloßen Summe von einzelnen, sondern die einzelnen, welche die Familie umfaßt, sind zugleich eine biologische und seelisch-geistige Einheit. Sie haben als Teile dieser biologisch-seelisch-geistigen Einheit, d. h. als Familienangehörige ein deutlich hervortretendes „*Wir-Bewußtsein*", wenn auch in sehr verschiedener Stärke. Die Gesamtheitsbedürfnisse des Staates treten gesondert neben den Bedürfnissen der einzelnen auf. Die Gesamtheitsbedürfnisse der Familie sind dagegen spezifische Bedürfnisse einzelner (das ist der Unterschied zu dem selbständig auftretenden Staatsbedürfnis!), doch spezifische Bedürfnisse all der zur Einheit einer Familie verbundenen einzelnen, d. h. sie sind keine *reinen* Einzelbedürfnisse. Bedürfnisse der Familie sind nun dadurch gegeben, daß die Familienangehörigen bei ihrer Konsumtion in stärkerem oder geringerem Grade nach „Wir-Erlebnissen" verlangen. Diese Bedürfnisse nach dem Erleben des „Wir" in der Familie werden aber auf Grund angeborener Fähigkeiten von der Frau immer am stärksten empfunden und zugleich auch am besten befriedigt. Sie schafft daher im Familienhaushalt mittels der Hauswirtschaft nicht nur einen konsumtiven Lebensraum für einzelne, sie befriedigt nicht nur gesammelte Bedürfnisse, sondern sie schafft vor allem einen *konsumtiven Lebensraum für die Familie,* indem sie mit Hilfe ihrer autoritativen Stellung die reinen Einzelbedürfnisse gegenüber den Bedürfnissen der Familie zurücktreten läßt, oder indem sie die Befriedigung der reinen Einzelbedürfnisse mit „Wir-Erlebnissen" verkoppelt. Durch das stete Schaffen solcher „Wir-Erlebnisse" in der Konsumtion wirkt sich die Hauswirtschaft des Familienhaushalts daher wiederum auf eine spezifische Art werterhöhend, also produktiv aus. Ist die Konsumtion des Haushalts auch durch Vorstellungen sozialer Schichten qualitativ und quantitativ gebunden, so besteht die Freiheit im Verbrauch für die Familienhaushaltungen vor allem in der Art, wie die Hauswirtschaft den Familienangehörigen bei ihrer Konsumtion „Wir-Erlebnisse" vermittelt. Auch die übrigen Produktionen in der Volkswirtschaft suchen zwar heute den Arbeitenden im Betrieb ein „Wir-Erlebnis" zu geben. Doch wächst dieses „Wir-Erlebnis" nicht aus natürlicher Verbundenheit wie bei der Familie. Es ist daher etwas völlig anderes.

2. *Der konsumtive Lebensraum als „Gestalt"*

Da der konsumtive Lebensraum des Haushalts — als Vorstellung oder als realer Verbrauch — eine Einheit von komplementären Gütern darstellt, welche auch eine spezifische Atmosphäre umgreift, und da diese Einheit ferner ein bestimmt geordnetes, qualitatives Gefüge aufweist, d. h. ein polar gegliedertes Ganzes ist, das sich im Laufe der Zeit u. a. rhythmisch polar ändert, so glauben wir ihn als *„Gestalt"* auffassen zu können[68]. Ist er „Gestalt", so *muß* er die Forderungen der beiden *Ehrenfels*-Kriterien erfüllen. Daß der konsumtive Lebensraum des Haushalts „Gestalt" ist, beweist die von der amerikanischen Theorie bereits betonte Tatsache, daß bei ihm durch die Komplementarität einzelner Güter das Ganze mehr als die Summe seiner Teile ist. Der Lebensraum im Haushalt genügt also dem *ersten Ehrenfels-Kriterium.* Er entspricht aber auch dem *zweiten Ehrenfels-Kriterium.* Dieses besagt, daß eine Erscheinung als „Gestalt" — wie die „Gestalt einer Melodie" — innerhalb gewisser Grenzen transponierbar ist, wobei das spezifisch geordnete Ganze erhalten bleiben muß[69]. Der konsumtive Lebensraum des Haushalts ist nun in dem Sinne ebenfalls transponierbar, daß man ihn innerhalb gewisser Grenzen mit mehr oder weniger Einkommen führen und dabei doch in seinem spezifiischen Gefüge erhalten kann. Jede Vorstellung einer sozialen Gruppe über Konsumtion läßt ja für den realen Verbrauch der zu ihr gehörigen Individuen einen gewissen Spielraum, d. h. sie hat — wie schon gesagt — eine Ober- und Untergrenze für die Konsumtion, die enger oder weiter voneinander entfernt sein können, je nachdem, welche Einkommensschichten zu der sozialen Gruppe gehören. Da der konsumtive Lebensraum „Gestalt" ist,

---

[68] Vgl. zum Folgenden u. a. besonders: A. *Benninghof,* Organische Form und Dynamik, „Kieler Blätter", 1939, S. 30 ff. — W. Burkamp, Die Struktur der Ganzheiten, Berlin 1929. — H. *Driesch,* Das Ganze und die Summe. Antrittsrede, Leipzig 1921. — *Derselbe,* Der Begriff der organischen Form, Berlin 1919. — Ch. *v. Ehrenfels,* Das Primzahlengesetz, Leipzig 1922, S. 77 ff. und 95 ff. — A. *Hildebrand,* Das Problem der Form in der bildenden Kunst, 3. u. 4. Aufl., Straßburg 1908. — A. *Höfler,* Naturwissenschaft und Philosophie. Vier Studien zum Gestaltungsgesetz II. Tongestalten und lebende Gestalten. „Sitzungsberichte der Akademie der Wissenschaften in Wien. Phil. hist. Klasse", 196. Bd., 1. Abhandlung, 1921. — R. *Hönigswald,* Vom Problem des Rhythmus, Berlin und Leipzig 1926. — F. *Krüger,* Das Problem der Ganzheit, „Blätter für deutsche Philosophie", S. 111—139. — F. A. *v. Scheltema,* Ganzheit und Form in der Kunstentwicklung, „Blätter für deutsche Philosophie", Bd. VI, Berlin 1932/33, S. 37—55. — O. *Spann,* Kategorienlehre, Jena 1924. — *Derselbe,* Tote und lebendige Wissenschaft, in „Kleines Lehrbuch der Volkswirtschaft in fünf Abhandlungen", 3. Aufl., Jena 1929. — F. *Weinhandl,* Die Gestaltanalyse, Erfurt 1927. — *Derselbe,* Die gestaltanalytische Philosophie in ihrem Verhältnis zur Morphologie Goethes und zur Transzendentalphilosophie Kants, „Kantstudien", Bd. 42, 1942/43, S. 106 ff. — M. *Wundt,* Ganzheit und Form in der Geschichte der Philosophie, „Blätter für deutsche Philosophie, Bd. VI, Berlin 1932/33, S. 9—23.

[69] A. *Höfler,* a.a.O., S. 20.

so bedeuten die qualitativen Unterschiede der komplementären Konsumfaktoren auch etwas völlig anderes als die qualitativen Unterschiede der komplementären Produktivfaktoren, denn Produktion verläuft nicht in polar gegliederter Form, ist daher nicht Gestalt! *Die komplementären Produktivfaktoren richten sich mit ihren technischen Koeffizienten nach den Preisen und können sich bis zu einem gewissen Grade gegenseitig ersetzen. Die komplementären Faktoren des Konsumgefüges können sich jedoch insoweit gegenseitig nicht ersetzen, als sie sich in dieses polar eingliedern.* Und während es bei der amerikanischen Theorie eigentlich offen bleibt, worin die von ihr betonte Eigenständigkeit der Lehre vom Konsum im Vergleich zur Lehre von der Produktion begründet liegen soll — denn Vorstellungen spielen nicht nur in der Sphäre der Konsumtion, sondern auch in der Sphäre der Produktion eine Rolle[70] —, *wird nun die Lehre von der Konsumtion als Lehre von der gestalteten Form des Verbrauchs ein völlig eigenständiges Gebiet neben der Lehre von der Produktion.* Indem wir somit den konsumtiven Lebensraum im Haushalt als „Gestalt" aufweisen, stehen wir insoweit im Gegensatz zur Romantik, welche die Auffassung vertrat, daß die gesamte Welt ein Organismus sei, als wir nur *eine* spezifische Erscheinung des Wirtschaftslebens als „Gestalt" erkennen. Mit *Köhler* glauben wir, daß uns die Anschauung der Welt als eines Organismus wissenschaftlich nicht weiter bringt[71]. Wissenschaftlich weiter bringt uns nur die Arbeit an einem Einzelphänomen, bei dem wir bestimmt beweisen können, daß es „Gestalt" ist[72].

Wir können nun zugleich deutlich sehen, daß Haushalt und Hauswirtschaft auch durch die Gestaltetheit des haushaltlichen Konsums aus dem Arbeitsgebiet wirtschaftswissenschaftlicher Theorie fallen, bzw. unter einen ihnen nicht zukommenden Begriff subsumiert und dadurch von der Forschung ausgeschlossen werden mußten. Denn die theoretische Forschung aller Wissenschaftsgebiete verarbeitet das sinnlich Wahrnehmbare, das ja niemals völlig gleich, sondern immer nur mehr oder minder ähnlich ist so lange, bis sie das Gleichgeartete an den Dingen herausgefunden und herausgelöst bzw. die Verschiedenheit an den Erscheinungen aus-

---

[70] Ch. *v. Reichenau*, Die Kapitalfunktion des Kredits, a.a.O., S. 69 ff.

[71] W. *Köhler*, Die physischen Gestalten in Ruhe und im stationären Zustand, Erlangen 1924, S. 153.

[72] Die amerikanisch-volkswirtschaftliche Theorie kommt der Erkenntnis des Konsumgefüges als „Gestalt" hin und wieder schon sehr nahe. Bei E. E. *Hoyt* finden wir die Erkenntnis an einer Stelle sogar ganz deutlich ausgesprochen: „In many ways the idea of standard of living as an organic unity is related to the *Gestalt*-concept of the psychologists. A Gestalt is a group unit, which is perceived not as a mere aggregation of separate parts, but as a whole of which the significance of each individual is affected by its relationship to the rest." Consumption in our society, a.a.O., S. 285. Die Untersuchung gleitet jedoch sogleich wieder darüber fort.

geschaltet hat. Schon der Begriff erfaßt in der Theorie ja nur das Gleichgeartete an einer Gruppe von empirischen Objekten. Die Theorie sucht ferner soweit als möglich die verschiedenen Qualitäten in Quantitäten und damit in nur graduelle Unterschiede umzuwandeln — vgl. z. B. die Umwandlung verschiedener Temperaturen in Längenabschnitte einer Quecksilberröhre bei dem Thermometer oder das schon in der Antike angewandte mathematische Vorgehen, durch kontinuierliche Veränderungen zwei Verschiedenheiten in Verwandtschaft aufzulösen, d. h. sie durch infinitesimale Veränderungen zu abstehenden Gliedern *einer* Reihe zu machen; vgl. u. a. die Entwicklung des Kreises aus dem Polygon, der Tangente aus der Sekante usw. —, oder die Verschiedenheiten an den Erscheinungen werden nur als Resultat verschiedenartiger Kombinationen von gleichartigen Faktoren aufgefaßt. Es bleibt in der so von der theoretischen Wissenschaft bearbeiteten Empirie auf allen Gebieten ein Minimum an Verschiedenheit, teils als irrelevante Abweichung vom „Normalen", die man in Streuungsgesetzen erfaßt, teils als Verschiedenheiten, deren einzige Beziehung ein bloßes räumliches Neben- oder zeitliches Nacheinander bzw. eine kausale oder rein funktionelle Beziehung ist. Es bleibt also für das theoretische Verfahren nicht nur ein Minimum an Verschiedenheiten, sondern auch ein Minimum an Beziehung zwischen diesen. Im *Prinzip* werden jedoch „letzte", d. h. nicht weiter auflösbare Verschiedenheiten *nicht* anerkannt.

Dieser Verarbeitung der Empirie entspricht die wissenschaftliche Erkenntnisgewinnung, denn alles mittelbare Schließen vom Bekannten auf Unbekanntes geschieht mit Schlußverfahren, die ihr angepaßt sind. Berücksichtigt man den Analogieschluß nicht, weil er wegen seiner geringen Wahrscheinlichkeit in der Wissenschaft nur als heuristisches Hilfsmittel verwandt wird, und untersuchen wir den gewisseren Induktions- und den streng gültigen Deduktionsschluß, so zeigt sich, daß beide auf den *gleichen Seiten der Erscheinungen* aufbauen. Der Deduktionsschluß kommt denknotwendig ja nur deshalb zur Conclusio, weil der Tatbestand, über den die letztere eine Aussage macht, schon unter die Prämisse fiel, d. h. zu den Erscheinungen als gleichgeartet gehört, welche die Prämisse umfaßt. Dem Induktionsschluß als erweiterndem Schlußverfahren — die conclusio geht hier über die Prämisse hinaus — liegt zudem in dem „Sprung", der von der mehr oder minder großen Anzahl beobachteter Fälle in der Prämisse auf *alle* Fälle in der conclusio geht, die materiale Annahme von der Gleichgeartetheit der beobachteten und der nicht beobachteten Erscheinungen zugrunde, und nur auf Grund dieser Annahme ist der Induktionsschluß zu diesem „Sprung" von den beobachteten auf alle Fälle in der Ableitung berechtigt.

Alle Gestalt aber zeigt in ihrer Gliederung qualitativ polare Verschiedenheiten. Diese polaren Verschiedenheiten der „Momente"[73] im

Gefüge der Gestalt sind Verschiedenheiten, die nicht nur räumlich nebeneinander oder zeitlich nacheinander auftreten, die zudem weder kausal noch rein funktionell miteinander verbunden sind; sondern polare Verschiedenheiten sind Verschiedenheiten, die einander in *ganz spezifischer Beziehung zugeordnet* sind. Es handelt sich hier um Verschiedenheiten, die zusammengehören, indem sie sich gegenseitig ergänzen und voraussetzen. Polare Verschiedenheit ist Verschiedenheit, welche zwei Erscheinungen trennt *und* zugleich fest verbindet! Die polare Verschiedenheit auslöschen bzw. von ihr abstrahieren würde aber heißen, gerade das Spezifische an der „Gestalt", d. h. die „Gestalt" selbst auslöschen. Infolgedessen sind die polaren Verschiedenheiten dann „letzte" Verschiedenheiten, sobald man von dem Gestalthaften an Erscheinungen nicht abstrahieren will. Mit den beiden erkenntnistheoretischen Verfahren, Induktions- und Deduktionsschluß, können wir also bei Phänomenen, die „Gestalt" sind, keine Schlüsse von Bekanntem auf uns noch Unbekanntes ziehen, daher mit ihnen an der „Gestalt" keine neuen Erkenntnisse gewinnen, weil sie eben nur auf die Gleichartigkeit der Erscheinungen aufbauen und von den Verschiedenheiten abstrahieren. *Es fehlt daher ein exaktes Schlußverfahren bei der Bearbeitung der Empirie, das der Gestalt mit ihren spezifisch einander zugeordneten Verschiedenheiten gerecht wird.* Ebenso wie wir unsere Begriffe transponieren müssen, wenn wir bei unserer wissenschaftlichen Arbeit den Bereich des Anorganischen verlassen und uns dem Bereich des Organischen zuwenden, so müssen wir eigentlich auch unsere Erkenntnismethode, d. h. das Schlußverfahren wechseln, sobald wir von der wissenschaftlichen Bearbeitung des Anorganischen zum Organischen bzw. zum Gestalteten als Erkenntnisgegenstand übergehen. *Unsere Erkenntnisweise muß verschieden sein je nach dem Forschungsgegenstand, den wir behandeln.* Ein Schlußverfahren, daß der „Gestalt" gerecht wird, würde bei gestalthaften Phänomenen die Möglichkeit eines wirklichkeitsnäheren theoretischen Arbeitens bedeuten. Logik und Erkenntnistheorie sind — wie alle übrigen Wissenschaften — nicht ein für allemal abgeschlossen. Ihre Lehrsätze sind nicht absolut gültig. Der starre Charakter der Logik und Erkenntnistheorie muß ebenso durchbrochen werden wie die zeitweilige Starrheit anderer Wissenschaftsgebiete und er ist auch im Begriff es zu werden.

So führt uns die Analyse der Hauswirtschaft als „letzter Produktion" von der Gestaltetheit des „konsumtiven Lebensraums" im Haushalt zur Aufdeckung einer Lücke im wissenschaftlichen Forschungsverfahren. Erst mit der Weiterentwicklung der Erkenntnistheorie kann sich die Lehre vom Konsum in ihrer Eigenständigkeit weiterentwickeln. Denn

---

[73] W. *Köhler*, a.a.O., S. 59.

nur, wenn die Theorie mit einem Schlußverfahren auch dem qualitativ polaren Aneinandergefügtsein der Eigenschaften einer „Gestalt“ gerecht zu werden vermag, sind wir in der Lage, weitgehender zu beantworten, wie der Konsument bzw. die die Konsumenten auf dem Markt vertretende Hausfrau handeln wird. Erst dann kann das Wahlproblem tiefergehend gelöst werden und wird der Konsument uns nicht mehr als „launisch“ und unberechenbar erscheinen. Der Ausbau der Volkswirtschaftslehre wird also in anderer Richtung weitergehen als *Schumpeter* ihn uns skizziert hat[74], und er wird — unterstützt von den Gestaltforschungen anderer Disziplinen — on the long run durch diese Verkoppelung mit logisch-erkenntnistheoretischen Fragen die gesamte theoretische Wissenschaft zu neuen Sichten mit sich reißen. So gehen unsere Ausführungen von der Analyse der kleinen, theoretisch immer übersehenen Hauswirtschaft und von der Erfassung des bisher ebenfalls vernachlässigten Konsums im Haushalt zu einem Problem, das nicht nur die theoretische Volkswirtschaftslehre, sondern die theoretischen Wissenschaften als Ganzes berührt.

Überblicken wir die bisherige, seit der Antike als absolut gültig gelehrte formale Logik und Erkenntnistheorie, so erkennen wir an ihrer Hochschätzung alles Gleichgearteten und an ihrem Bestreben, Verschiedenheiten nach Möglichkeit auszuschalten, d. h. an der Unterbewertung dieser letzteren, daß auch bei ihr das tragende Fundament eine spezifische Weltanschauung ist. Somit sind auch hier die unbekannten Faktoren, die hinter der Subsumtion des Haushalts und der Hauswirtschaft unter einem ihnen nicht zukommenden Begriff standen, ebenfalls Mächte einer Weltanschauung, deren Wurzeln allerdings nicht nur in einer anderen Zeit, sondern auch in einem anderen Kulturkreis liegen.

IV. Schluß: Der Konsumbegriff

Wir kennzeichneten den Haushalt als Einheit von Konsum *und* Produktion, d. h. als Einheit von Konsum *und* Hauswirtschaft, und unterschieden dabei den Familienhaushalt im statistischen Sinn vom Haushalt einer wirklichen Familie. Die spezifische, werteschaffende Tätigkeit der „letzten Produktion“ Hauswirtschaft wurde herausgearbeitet, um von ihr aus zu neuen Sichten des Konsums zu gelangen. Wir sahen, daß die Produktivität der Hauswirtschaft vor allem im Zusammenfügen von Gütern zu einem polar gegliederten, dauerhaften, „konsumtiven Lebensraum“ besteht, zu welchem auch eine spezifische Atmosphäre und „Wir-Erlebnisse“ der Familie gehören, wobei die Hauswirtschaft zu-

---

[74] J. *Schumpeter*, Wesen und Hauptinhalt der theoretischen Nationalökonomie, Leipzig 1908, S. 599 ff.

dem durch Vorstellungen über angemessenen Verbrauch von der sozialen Gruppe geleitet wird, welcher ihre Konsumenten angehören. Im Verlauf der Geschichte wird die Hauswirtschaft nicht — wie man bisher dachte — immer steriler, sondern im Gegenteil immer stärker produktiv. Der Konsument im Haushalt ist fast völlig passiv. Ihm steht der akive haushaltslose Einzelkonsument gegenüber. Seine Verbrauchsgüter sind sehr viel weniger komplementär und sehr viel weniger polar. Sein Konsum ist also viel mehr eine „Lebenshaltung", d. h. vielmehr ein Verbrauch, wie ihn die Statistik zu erfassen sucht, und zudem viel loser durch konsumtive Vorstellungen sozialer Gruppen gebunden. Wenn man bei dem Verbrauch des haushaltlosen Einzelkonsumenten von *diesen* spezifischen bei ihm in sehr geringem Maße vorkommenden Gleichheiten mit dem Konsum im Haushalt absieht, dann erhält man das Bild, welches die Grenznutzenschule vom Konsum — allerdings vom Konsum schlechthin — entwirft. Dieses Bild ist daher in bestimmter Hinsicht abstrakt, doch um so wirklichkeitsnäher, je weiter wir in der Geschichte zurückgehen. *Unter dieser Verarbeitung der Empirie sind die Lehrsätze der Grenznutzenschule also für ein fest abgegrenztes Gebiet des Konsums, d. h. nur für den haushaltlosen Konsum, durchaus richtig gesehen,* es sei denn, wir gehen in ganz frühe, geschichtliche Zeiten zurück, wo sie auch auf den Haushaltskonsum passen. *Sie sind also nur relativ gültig.* Ihre Erkenntnisse, wenn sie dem Anspruch genügen sollen, in das Wesen einer Erscheinung einzuführen, wenn sie also kein Hervorheben irgend *einer* Seite des Phänomens darstellen sollen, passen nicht auf die gesamte Sphäre des Verbrauchs, weil die ihnen zugrunde liegende Abstraktion für fortgeschrittene Zeiten in bezug auf den Haushaltskonsum eine zu starke Entfernung von der Wirklichkeit bedeuten würde. Die nur relativ gültige Lehre der Grenznutzenschule bedarf also einer sie ergänzenden Theorie. Die gleiche Abstraktion ist in bezug auf den haushaltlosen Einzelverbrauch berechtigter, weil eben hier Komplementarität, Polarität und soziale Bindungen in so viel geringerem Maße vorkommen. Verarbeiten wir den empirisch gegebenen, haushaltlosen Einzelkonsum auf die angegebene abstrakte Weise, so teilt sich der gesamte Konsum in der Volkswirtschaft in *zwei klar geschiedene gegensätzliche Formen,* wenn wir diesem Denkgebilde nun den Haushaltsverbrauch mit seinen von uns klargelegten Eigenschaften idealtypisch gegenüberstellen, wobei sich in jeder der beiden Formen der Einzelkonsum vertreten findet. (Siehe das folgende Schema)

Diese beiden Formen können auf Grund ihrer allerdings geringen Gemeinsamkeit mittels des bisher üblichen Begriffes des Konsums erfaßt werden: „*Konsum i. e. S. ist planmäßige, unmittelbare Bedürfnisbefriedigung mit wirtschaftlichen Mitteln.*" Doch wird dieser Begriff, wie gesagt, den spezifischen Eigenschaften des *überwiegenden Teils* des Kon-

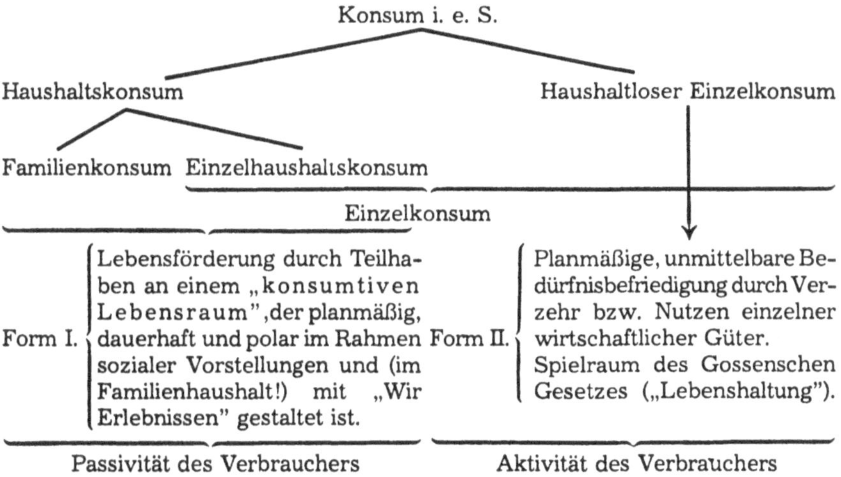

sums — dem Haushaltskonsum — nicht gerecht, es sei denn, man will den Verbrauch geschichtlich ganz früher Zeiten definieren.

Abstrahieren wir bei dem haushaltlosen Einzelkonsum jedoch nicht von der Komplementarität, Polarität und Gebundenheit durch soziale Vorstellungen, stellen wir uns bei seiner Erforschung also auf einen *wirklichkeitsnäheren Standpunkt* als die Grenznutzenschule es tut, dann können wir ihn *und* den Haushaltskonsum, auch diesen, wie er empirisch gegeben ist, jetzt mit einem anderen gemeinsamen Begriff erfassen, der auf Grund unserer gefundenen Erkenntnisse in seinem Umfang reicher ist, der daher der Eigenart des Haushaltskonsums besser gerecht wird und zudem auch die Eigenständigkeit der Konsumsphäre gegenüber der Produktionssphäre betont: *„Konsum i. e. S. ist Lebensförderung durch planmäßige, unmittelbare Bedürfnisbefriedigung mit komplementären wirtschaftlichen Mitteln in gestalteter Form und sozialen Bindungen."*

Beide Begriffe liegen durch ihre verschiedene Abstraktheit in verschiedenen Ebenen zur Wirklichkeit, wobei *jeder* der Begriffe zwar *beide* Formen des Konsums erfaßt, doch jeweils mehr dem Wesen *einer* Form gerecht wird. Die Wahl zwischen beiden muß der Forderung der Zweckmäßigkeit entsprechen.

2. Probleme der Verbrauchsforschung*

Daß J. B. Say nicht nur ein Vulgarisator Smithscher Ideen war, d. h. daß er nicht nur, wie Dühring glaubte, „Verwässerungsarbeit" geleistet hat — mag er oft über Schwierigkeiten auch zu leicht fortgeglitten sein —, das haben Gide und Rist in ihrer „Geschichte der volkswirtschaftlichen Lehrmeinungen"[1] bereits deutlich ausgeführt. So wiesen sie in *dreifacher* Hinsicht auf die Fortführung Smithscher Gedanken durch Say hin. Erstens auf seine Loslösung Smithscher Ideen von den physiokratischen Resten, die in ihnen noch enthalten waren. Zweitens auf Says Auffassung von der Wirtschaftswissenschaft als einer rein theoretischen und beschreibenden Wissenschaft, mit der er ebenso über den Altvater unserer Wissenschaft hinausgegangen sei, wie er es — drittens — mit seiner Lehre vom Mechanismus der Güterverteilung getan habe. Ja er strebte weiter noch — und hier gehen wir über Gide und Rist hinaus — *in einer vierten Hinsicht,* man kann sogar sagen, in einer genialen Schau über Smith hinaus, wenn er die Wirtschaftstheorie als eine „einfache Darlegung" kennzeichnete, die aufzudecken habe, „wie die Reichtümer gebildet, verteilt *und verbraucht werden*", denn was Smith im „Reichtum der Nationen"[2] über Konsumtion bringt, ist nur ganz geringfügig. Es finden sich in seinem Werk nur einige wenige eingestreute Bemerkungen über den Konsum. Infolgedessen handelt es sich bei der durch Say zum erstenmal gebrauchten Einteilung der Wirtschaftstheorie in eine Lehre von der *Produktion,* der Verteilung und der Konsumtion in Wirklichkeit gar nicht um eine neuartige Gliederung eines schon vorhandenen Stoffes, wie es den Anschein hat, sondern einerseits um eine versteckte Kritik an der Einseitigkeit der zu seiner Zeit vorhandenen Wirtschaftstheorie und damit an dem von ihm sonst so tief bewunderten Werk von Smith. Versteckt — eben weil diese seine Bewunderung ihm wohl nicht gestattete, die Kritik an dieser Einseitigkeit Smiths offen darzulegen. Anderseits handelt es sich bei dieser

* *Quelle:* Weltwirtschaftliches Archiv, Band 61 (1945). Erschienen als Besprechung des „Handbuch der Verbrauchsforschung", Band 1: Wilhelm Vershofen, Grundlegung, Band 2: Hans Proesler, Gesamtauswertung, Berlin, Carl Heymann 1940.

[1] Ch. *Gide* und Ch. *Rist,* Geschichte der volkswirtschaftlichen Lehrmeinungen. 3. Aufl. nach der 4., durchges. u. verb. franz. Ausg. Hrsg. von F. *Oppenheimer.* Deutsch von R. W. *Horn,* Jena 1923.

[2] A. *Smith,* Der Reichtum der Nationen. Nach der Übers. von M. *Stirner* und der engl. Ausg. von *Cannan* (1904) hrsg. von H. *Schmidt* (Kröners Volksausgabe), Leipzig (1910), 2 Bde.

neuartigen Einteilung durch Say aber um einen großartigen programmatischen Entwurf für die zukünftige wirtschaftstheoretische Arbeit, um jene Einseitigkeit zu überwinden.

Die Nachfolgenden verstanden den Sinn der Sayschen Einteilung nicht. Sie nahmen die von ihm angegebene Einteilung der Wirtschaftstheorie für das, was sie zu sein *schien,* was sie aber, wie gesagt, eigentlich nicht war: nämlich für eine Einteilung des schon vorhandenen Stoffes und *nicht* als programmatischen Entwurf. Sie steckten daher in den Abschnitt über Konsum aus den vorhandenen wirtschaftstheoretischen Lehren hinein, was nur irgendwie Bezug auf Konsum zu haben schien: einiges über Luxus, einiges über Ersparnisbildung, weil Ersparnisbildung auf Konsumopfer beruhe usw. Da sich aber nicht viel fand, was sich diesem Abschnitt einfügen ließ, da ferner manches Eingefügte als nicht zu Recht dort eingefügt erkannt wurde, so gab man diese Einteilung schließlich wieder auf und gliederte den vorhandenen, wirtschaftstheoretischen Stoff wieder nach anderen Gesichtspunkten auf. Says Einteilung wurde zum „alten Eisen" geworfen, noch ehe ihre programmatische Forderung erfüllt war. Dadurch blieb die nur auf die Sicht der Produktion und Verteilung ausgerichtete Wirtschaftstheorie in ihrer Einseitigkeit weiter bestehen. Selbst nach Entstehung der Grenznutzenschule, die die *quantitativen* Seiten des Konsums herausarbeitete, bleibt die Wirtschaftstheorie jedoch noch weiter einseitig. Es fehlt ihr nun zwar keine Lehre vom Konsum mehr, doch da diese letztlich nur ein Fundament zum besseren Verständnis der Lehre von der Produktion und Verteilung sein soll, so fehlt der wirtschaftswissenschaftlichen Theorie — und das hat die amerikanische wirtschaftswissenschaftliche Theorie besonders nachdrücklich betont — doch noch immer eine „eigenständige", d. h. eine nicht zum Verständnis der Produktion und Verteilung, sondern eine um ihrer selbst willen ausgebaute Lehre vom Verbrauch, und zwar eine Lehre vom Verbrauch mit nur ihm *eigenen Gesichtspunkten,* und weiter eine Theorie, die das bisher vernachlässigte *Qualitative* des Konsums durchleuchtet.

Obwohl sich neben der Konsumstatistik Nachbardisziplinen, wie die Ethnologie und die Soziologie der Erforschung der Konsumtion — hier in qualitativer Hinsicht — bereits zugewandt hatten, allerdings der Erforschung von qualitativ-konsumtiven Erscheinungen, die besonders auffällig waren, d. h. die sich mehr oder minder vom Alltäglich-Üblichen abhoben, wie die Probleme der Mode, des Luxus, die Konsumtion der Primitiven, betonen die Wirtschaftstheoretiker, daß der Konsument in *qualitativer Hinsicht* bei der Wahl seiner Güter in weitem Maße „irrational" vorgehe. Er lehne heute ab, was er morgen dann plötzlich doch kaufe. Er sei „launisch" und daher in seinem Handeln rational nicht voll erfaßbar.

Von zwei Seiten her beginnt sich in neuerer Zeit jedoch eine „eigenständige“ Lehre vom Konsum zu entwickeln, die den Konsum in qualitativer Hinsicht zu erfassen sucht: die *„amerikanisch-deutsche Konsumtheorie“* und die *„Verbrauchsforschung der Nürnberger Schule“*. Die letzte legt in dem oben angegebenen Handbuch die Ergebnisse ihrer Forschungen der Wissenschaft nunmehr vor. Beide Richtungen gehen dabei von völlig verschiedenen Ausgangspunkten aus und arbeiten mit verschiedenen Methoden, um sich nicht nur in der Zielsetzung, sondern — wie es scheint — auch in den Ergebnissen sehr nahezukommen. Die amerikanisch-deutsche Konsumtheorie (Patten, Veblen, Kyrk, Watkins, von Reichenau) gewinnt neue Sichten am Verbrauch, indem sie *deduktiv* vorgeht und dabei zugleich die *Wirtschaftstheorie mit der Wirtschaftssoziologie verbindet* oder, um Worte von Wieses zu gebrauchen, indem sie die Betrachtung der „Mensch-Ding-Beziehungen“ mit der Betrachtung der „Mensch-Mensch-Beziehungen“ vereinigt. Sie nimmt ihren Ausgangspunkt also nicht mehr — wie es die Grenznutzenschule tut — beim *einzelnen* Konsumenten. Wenn von Stackelberg in seinen „Grundzügen der theoretischen Volkswirtschaftslehre“[3] bei der Erfassung des Verbrauchs ebenfalls nicht mehr vom einzelnen Konsumenten, sondern vom „sozialen Gebilde Haushalt“ ausgeht, so ist dieser Ausgangspunkt zwar wirklichkeitsgerechter als derjenige der Grenznutzenschule, doch werden für die Lehre vom Verbrauch daraus weiter keine Konsequenzen gezogen. Die amerikanisch-deutsche Konsumtheorie geht dagegen vom *sozial gebundenen Konsumenten*, dem *homo habitualis*, aus — die amerikanische Konsumtheorie baut dabei auf Tarde, Sumner, Small, Ross, Ellwood usw. auf — und sucht dann weiter nachzuweisen, *welche Tatsachen sich für den Verbrauch aus dieser sozialen Bindung des einzelnen nun ergeben.* Während die bisherige Wirtschaftstheorie das Genußstreben des Konsumenten analog dem Ertragstreben des Produzenten als unbegrenzt bezeichnete, ihn also als *homo oeconomicus* auffaßte und ihn in seinen Entschlüssen für völlig frei ansah, d. h. nur gelenkt vom Streben nach maximalem Nutzen, beweist die amerikanisch-deutsche Konsumtheorie nun, daß er ein jeweils nur bestimmt *begrenztes* Streben nach Gütergenuß besitze und in seinen Entschlüssen *nicht völlig* frei sei, weil er bei seinem Verbrauch von *„Lebenshaltungsvorstellungen“* der Gruppen gelenkt wird, mit denen er sich seelisch-geistig verbunden fühlt. *Es bleibt ihm beim Konsum für seine freie Entscheidung daher nur ein geringer Spielraum.* Mag er (Tarde) die Gruppe, zu der er gehört, nachahmen, sich ihr anpassen oder von ihr in der Ausrichtung seines Konsums gemäß der Kollektivvorstellung durch Spott oder Boykott gezwungen werden, mag er, um

[3] H. *Freiherr von Stackelberg*, Grundzüge der theoretischen Volkswirtschaftslehre Stuttgart u. Berlin 1943.

ihr zu genügen, auch seine Kinderzahl einschränken oder Nebenerwerb suchen, *er ist sich seiner Unfreiheit in bezug auf seinen Verbrauch nicht bewußt,* denn er wird als vergesellschaftetes Individuum in diesen Zwang hineingeboren. Die Gruppe nimmt dem einzelnen durch das Diktat, das die Konsumvorstellung über ihn ausübt, die Verantwortung für seine Verbrauchsgestaltung ab und erspart ihm ferner dadurch Zeit und Kraft. Der einzelne übernimmt seinen Verbrauch sozusagen als geistiges Erbe. Daher werden Konsumgewohnheiten von Generation zu Generation weitergegeben — oft jahrhundertelang sogar völlig sinnlos weitergeschleppt, die sogenannten „dead hands of the past". So wird mit der Lebenshaltungsvorstellung ein neuer, dem Konsum zukommender Ausgangspunkt für die Theorie gefunden und somit die Eigenständigkeit der Konsumtheorie gegenüber der Theorie der Produktion und der Verteilung sowie gegenüber der Verbrauchsstatistik begründet. Diese Eigenständigkeit zeigt sich deutlich bei der Einteilung der Güter. Während die Lehre von der Produktion die Güter in Güter erster, zweiter, dritter ... und höchster Ordnung sowie die Produktivfaktoren in originäre und abgeleitete einteilt usw., während die *Verbrauchsstatistik* weiter die Konsumgüter in Nahrung, Kleidung, Wohnung usw. gliedert, um ihre verbrauchten Mengen und gezahlten Einkommenteile zu erfassen, beginnen sich für die *Konsumtheorie* gemäß ihrer anderen, hier nur kurz skizzierten Ausrichtung nun andere Einteilungen der Güter herauszubilden, mit denen sie für ihre spezifische Forschungsziele arbeiten kann. Die Konsumgütereinteilung der Statistik wird für sie nun bedeutungslos. Für sie gliedern sich die Verbrauchsgüter, da sie auf das Qualitative ausgerichtet ist, einmal in Polaritäten auf, weil nicht nur die Abwechslung in der Konsumtion allein, sondern die Wendung zum Gegensätzlichen den Nutzen der einzenen Güter besonders stark erhöht und den Spielraum für das erste Gossensche Gesetz einengt (Watkins).

Die Konsumtheorie benötigt besonders als wirtschaftstheoretische *und* wirtschaftssoziologische Disziplin Gütereinteilungen, die es ihr ermöglichen, die Beziehungen zwischen Mensch und Gruppe in der Konsumsphäre zu erfassen. Die Konsumgüter gliedern sich daher jetzt für sie weiter in sozial diktierte nützliche und in sozial diktierte aber sinnlos gewordene Verbrauchsgüter. Sie gliedern sich ferner für sie in für die soziale Umwelt sichtbare und für diese unsichtbare Verbrauchsgüter, da bei beiden Arten von Gütern der soziale Zwang der Gruppe durch die Möglichkeit, den einzelnen in seinem Konsum mehr oder weniger zu beobachten, verschieden stark ist. Sie gliedern sich ferner für sie in materielle und immaterielle Konsumgüter, weil wiederum bei diesen beiden Arten von Gütern für den in eine soziale Gruppe hineingewanderten, den *homo novus,* die Anpassung an den Verbrauch der Gruppe verschieden leicht möglich ist. Und während die Konsumstatistik mit „Lebenshaltung“ nur den realen Verbrauch meint, hat die Konsumtheorie nun einen *zweifachen Begriff von Lebenshaltung:* einmal ebenfalls die reale Lebenshaltung, daneben aber die Kollektivvorstellung der Lebenshaltung, d. h. ein soziopsychisches Phänomen. Hier nur soviel. Jedenfalls zeigt sich, daß die bisherige Einseitigkeit der Wirtschaftstheorie, die sich nur auf Produktion und Verteilung bezog, überwunden zu werden beginnt. Die Einteilung Says scheint aufs neue ihre Berechtigung zu bekommen, sein programmatischer Entwurf sich zu verwirklichen. Allerdings muß die Einteilung der Wirtschaftstheorie wahrscheinlich für den Abschnitt Konsumtion in Statik und Dynamik untergliedert werden. Denn wenn der Konsument in seinem Verbrauch durch das Diktat sozialer Gruppen gebunden ist — wie *können dann überhaupt Konsumtionsveränderungen zustande kommen?* Wie wandern Güter in die sozial kontrollierte Lebenshaltung herein? Wie fallen sie eines Tages — z. B. die dead hands of the past — wieder heraus? Und wenn sich Konsumtionsveränderungen durchsetzen: verändert sich zuerst die Kollektivvorstellung, um dann die reale Lebenshaltung nach sich zu ziehen? Oder ist es umgekehrt? Oder ändern sich Lebenshaltungsvorstellung und realer Verbrauch gleichzeitig? Vielleicht kommt bei den Konsumtionsveränderungen auf bestimmten Wirtschaftsstufen der einseitigen Güterübertragung, die von der wirtschaftswissenschaftlichen Theorie bisher völlig vernachlässigt wurde, nämlich dem Geschenk eine bedeutsame wirtschaftliche Rolle zu, weil hier der das Geschenk Annehmende von seiner Gruppe in bezug auf die qualitative Auswahl nicht zur Verantwortung gezogen werden kann? So haben wir in der amerikanisch-deutschen Konsumtheorie zwar eine eigenständige Lehre von Konsum, doch nur den beginnenden Ausbau eines *ersten* Teils. Aus ihm wächst jedoch das Problem, das ein ihn ergänzender *zweiter Teil* zu lösen hat, klar hervor.

Es ist nun interessant, daß die Nürnberger Schule die Vernachlässigung des Konsumenten durch die wirtschaftswissenschaftliche Theorie ebenfalls deutlich erkannt hat und nun allerdings, wie schon gesagt, von einer anderen Seite her und mit anderen Methoden ebenfalls zu generellen Ergebnissen in bezug auf das Qualitative des Konsums zu gelangen sucht und sich mit den uns im vorliegenden Handbuch dargelegten Ergebnissen den eben hier geschilderten Sichten anzunähern scheint. War diese Schule ursprünglich nach amerikanischem Vorbild gegründet worden, um im Dienst der Produktion einmal den Markt zu erforschen, d. h. um Tauschreste zu vermeiden — manche Mitarbeiter der Nürnberger Schule vermeinen sogar, durch Erforschung des Marktes Krisen ausschalten zu können —, dann aber auch, um die richtige Art der Werbung durch Käufererforschung ausfindig zu machen, so hat sich in ihr allmählich der „letzte“ Konsument in der Käuferreihe immer stärker in den Vordergrund gedrängt. Seine Kaufmotivationen aufzudecken, wird nun zum Problem der „Verbrauchsforschung", die sich also — wie gesagt — nach und nach aus der Marktforschung ausgliederte. Die Erforschung der Käufer schlechthin, d. h. des Marktes wie des letzten Konsumenten, geschieht durch die Nürnberger Schule *induktiv*, mit Hilfe statistischer Surrogatmethode, d. h. durch *Befragungen der Käufer*. Den Befragungen liegen Konsumbezirke zugrunde, die, um für die Marktforschung die Einkommen und damit die Kaufkraft der Kaufschichten zu ermitteln, den Finanzbezirken entsprechen, wobei jedem Konsumbezirke eine Kaufkraftkennzahl zugeordnet ist. Es ist nun interessant, daß das vorliegende Handbuch, in dem Vershofen in einem ersten Teil die Begriffe der Verbrauchsforschung festlegt, ihre Methode sowie ihren Werdegang schildert, während Proesler im zweiten Teil die generellen Auswertungen des induktiven Materials bringt, ebenfalls sehr stark auf die soziale Einbettung des Konsumenten sowie auf die polare Gestaltung der Konsumtion hinweist. Es wird ferner dargelegt, daß viele Konsumgüter ein „bloßes Zierstück" geworden, d. h. jeglichen „Zwecknutzens" beraubt seien, und ebenso wird im Handbuch auch die Macht der Tradition im Verbrauch herausgearbeitet. So weit die Kongruenz zwischen „Verbrauchsforschung" der Nürnberger Schule und „Konsumtheorie".

Sieht man aber näher zu, so fällt sehr bald auf, daß sich *diese* Ergebnisse eigentlich nicht aus dem induktiven, durch Befragung gewonnenen Material ergeben. Auch bei dem von Vershofen im ersten Teil aufgestellten Gesetz: „Sobald neben den Grundnutzen noch die Art des Zusatznutzens tritt, dann wiegt diese für die Entscheidung umso schwerer, je geringer ihr Grad von Allgemeinheit ist", fehlt eigentlich doch auch der Beweis. *Diese* Ergebnisse stehen alle einfach nur da — gedanklich miteinander unverbunden. Mit Hilfe der induktiven Methode der Verbrauchsforschung sind sie nicht gefunden. Ferner gegen die Methode der Befragung, soweit sie Motivforschung bei letzten Konsumenten schlechthin sein will — also über den Rahmen der Marktforschung hinausgeht, und nur so weit unterziehen wir sie der Kritik —, müssen sich schwere Bedenken erheben. Der Konsument ist sozial gebunden; er untersteht als Folge davon in seinem Verbrauch also sozialem Zwang; er hat daher nicht die „ungeahnte Breite der Entschließung", die Vershofen annimmt. Und zwar untersteht er einem Zwang, dessen er sich nicht bewußt ist. *Die Antworten der Konsumenten auf die Befragungen über ihre Motive sind also in weitem Maße völlig nichtssagend,* weil sie über die Ursachen der qualitativen Eigenarten des Konsums keine Einsicht gewähren *können*. Im Handbuch wird merkwürdigerweise stellenweise sogar hervorgehoben, daß dem Konsumenten seine Motive gar nicht klar seien. Wie wenig man mit der Methode der Befragung erreicht, wenn man das Untersuchungsgebiet auf die letzte Konsumtion *schlechthin* abgrenzt, zeigt sich schließlich darin, daß das Handbuch dann sogar selbst doch wieder davon spricht, daß der Konsument „launisch" und „in seinem Handeln nicht zureichend erklärbar" sei. Das Handbuch schreibt der Methode der Verbrauchsforschung mit dieser Resignation eigentlich selbst die Kritik. Soweit die Nürnberger Schule über die Marktforschung hinaus Verbrauchsforschung treiben will, müßte sie auf die deduktiven Ergebnisse der deutsch-amerikanischen Konsumtheorie aufbauen und ihre induktive Methode *nur* anwenden, um im Rahmen des sozial diktierten Verbrauchs die dann noch übrigbleibenden freien Entscheidungen des einzelnen in bezug auf seinen Konsum auf bewußte Motivationen zurückführen, d. h. um den engen, *vom sozialen Diktat freien Spielraum des Verbrauchs* zu untersuchen. Bei diesem engen, vom sozialen Diktat freien Spielraum des Konsums kann es sich allerdings nur um die feinen qualitativen Differenzierungen der Güter handeln. Nur bei ihnen hat der Verbraucher eine gewisse Wahlfreiheit. *Zu breiten generellen Ergebnissen,* wie die Verbrauchsforschung es möchte, wird man hier jedoch nicht kommen können, weil *diese* Entschlüsse von den einzelnen Persönlichkeiten und ihren spezifischen Eigenarten her doch rein individuell bestimmt werden. *„Verbrauchsforschung" und „Konsumtheorie" haben also nicht nur verschiedene Forschungsmethoden, sondern zur Bearbeitung auch einen anderen Ausschnitt aus dem letzten Konsum.* Sie sind also nicht nur methodisch, sondern auch sachlich etwas ganz Verschiedenes. Sie können sich in ihrer Verschiedenheit somit nur ergänzen. Das ist sehr wichtig. Da es sich also um zwei verschiedene Ausschnitte aus dem Konsum handelt, den sie beide zu bearbeiten haben, Ausschnitte, die im einzelnen Menschen ganz andersartige seelische Wurzeln haben, so *können* beide Richtungen auch nicht zu gleichen Ergebnissen kommen und — wie gesagt — auch nicht zu Ergebnissen von gleich weittragender Gültigkeit. Das Auffinden gleicher Ergebnisse durch „Verbrauchsforschung" und „Konsumtheorie" mit ihren verschiedenen Methoden war also nur Schein.

Weitere Bedenken müssen gegen die Begriffe des ersten Teils ausgesprochen werden. Warum sollen wir, wo wir den Begriff „produktiver Verbrauch" für den Güterverbrauch in der Produktion besitzen, diesen letzten nun „Gebrauch" nennen, um ihn vom „letzten Verbrauch" abzuheben, da „Gebrauch" doch allgemein in anderem Sinne verwandt wird? Ist es ferner zweckmäßig — um hier Vershofen wörtlich zu zitieren —, „unter Haushalt auch den Verbrauch eines Verheirateten, der keinen Haushalt führt", zu verstehen? Mit „Marktentnahme" — wie Vershofen es tut — auch die Selbstversorgung zu bezeichnen? usw.. Wir wollen jedoch nicht nur kritisieren, sondern darauf hinweisen, daß auch gute Einsichten gewonnen wurden, so finden wir z. B. den Hinweis auf das verschieden schnelle Verblassen der Erinnerungen an die bei der Herstellung eines Gutes aufgewandte Mühe bei verschiedenen Schichten; daß sich dem Mann der Waren*name*, der Frau das Waren*zeichen* einprägt usw. Im ganzen ist jedoch die fehlende Abgrenzung des durch die Verbrauchsforschung zu untersuchenden Gebiets, auf die wir oben hinweisen, wohl daran schuld, daß, wie Proesler es selbst betont, vieles an der Verbrauchsforschung der Nürnberger Schule doch noch unbefriedigend ist.

3. Der Konsument als homo habitualis*

Die nun folgenden Ausführungen knüpfen ... an die im Ausklingen des Merkantilismus sich findenden methodischen Ansatzpunkte an, indem neben dem homo oeconomicus, dessen Geltung in dieser Arbeit auf den Produzenten beschränkt wird, soweit es sich um den Konsumenten handelt, ein weiteres methodisches Prinzip herangezogen werden soll, der „homo habitualis". Wollen wir diesen genau definieren, so gilt: *der homo habitualis umfaßt den Wirtschaftsmenschen, soweit er an eine bestimmte, konsumtive Lebensführung gebunden ist.* Mit „bestimmter Lebensführung" kann dabei sowohl die wirklich gegebene Lebenshaltung des einzelnen, also auch nur das Vorstellungsbild einer solchen gemeint sein. In der Geldwirtschaft, auf die sich diese Untersuchungen beschränken sollen, gehört zu einer bestimmten, konsumtiven Lebensführung, sei es als real gegebene Lage, sei es als Vorstellungsbild, ein fest umrissener qualitativer und quantitativer Verbrauch an Gütern und Dienstleistungen, ein bestimmtes Budget, eine bestimmte zeitliche Verteilung der Ausgaben und eine bestimmte Kassehaltung.

Es läßt sich nun induktiv feststellen, daß die Menschen relativ unveränderliche Vorstellungen von bestimmten Lebensführungen besitzen, von denen sie überzeugt sind, daß sie ihnen oder anderen zukommen und deren Realisierung sie daher nach Möglichkeit erstreben. Es zeigt sich ferner ebenfalls durch Beobachtung, daß die Wirtschafter ihre gegebene Lebenshaltung in kürzerer Zeit nur innerhalb gewisser Grenzen ändern können. Der Grund dafür liegt darin, daß das einzelne Individuum sich nicht — wie die Wirtschaftstheorie bisher annahm — wie ein Atom zusammen mit anderen, ihm gleichen Atomen in die Volkswirtschaft einfügt, sondern daß es durch seine Geburt oder seinen Beruf einer bestimmten, sich von anderen Schichten unterscheidenden, sozialen Gruppe angehört, die eine kulturelle Einheit darstellt und sich auch

---

* *Quelle:* Ch. *v. Reichenau,* Die Kapitalfunktion des Kredits, ein methodischer Versuch, Jena, Verlag von Gustav Fischer, 1932, S. 82—97.

Es handelt sich bei diesem Beitrag um *Auszüge* aus dem 5. Kapitel des genannten Werkes mit dem vorstehend genannten Titel. Da dies Buch einem Kreditproblem gewidmet ist, wurden die unmittelbar darauf bezogenen Teile hier ausgelassen. Es werden nur die Ausführungen der Verf. über den Konsumenten und seine Lebenshaltung wiedergegeben, die im Rahmen dieser Schrift von Bedeutung sind.

In den einleitenden Worten wurde eine kleine Umstellung vorgenommen. (Hrsg.)

als Einheit fühlt, und daß dadurch zugleich auch eine bestimmte Lebensführung für dasselbe als „standesgemäß“ gilt. Denn der einzelne hat sich seine Lebensweise nicht etwa selbst ausprobiert. Die Aufstellung des Planes derselben ist ihm durch Generationen vor ihm abgenommen. Sie wird ihm vorgelebt und anerzogen. Er übernimmt sie als Erbe. Darauf hat selbst Menger schon hingewiesen, ohne daraus allerdings Konsequenzen zu ziehen. Einmal übermitteln die einzelnen volklichen Gemeinschaften den in sie Hineingeborenen eine bestimmte Lebensführung zur Befriedigung ihrer Bedürfnisse, die teils durch den geographischen Raum, auf dem sie leben, teils durch ihre natürlichen, sowie historisch bedingten Eigenschaften hervorgerufen werden. Dann aber erleidet diese Lebensführung sowohl in qualitativer, wie in quantitativer Hinsicht Abwandlungen in den verschiedenen, der volklichen Gemeinschaft angehörigen Schichten. Quantitative Abwandlungen, je nachdem der Beruf der sozialen Gruppe durch längere Zeitspannen hindurch eine Quelle größeren oder geringeren Einkommens ist. Qualitative Abwandlungen durch die Art des Berufes mittels dessen eine Schicht in jene Volkswirtschaft eingeordnet ist. Diese qualitativen Unterschiede der Lebensführungen rühren dann teils daher, daß spezifische Äußerlichkeiten, welche die einzelnen Berufe mit sich bringen, durch Gewöhnung auch in die Konsumtionssphäre übertragen werden; teils daher, daß die Berufe den Individuen, die ihnen obliegen, ganz bestimmte, innere oder äußere Eigenarten verleihen oder daß sich ihnen von vornherein Persönlichkeiten mit bestimmten Eigenarten widmen und daß diese personellen Eigenarten dann auch besondere Eigenarten der Lebensführungen dieser Menschen bedingen. Die Lebenshaltungen der Schichten einer gleichen volklichen Gemeinschaft differieren ferner in verschiedenen Zeiten und bei verschiedenen Völkern mehr oder minder stark voneinander, je nachdem die Schichten mehr oder minder weit voneinander getrennt leben. Wo geselliger Verkehr, wo ein Abwandern in andere Schichten, sei es durch Heirat oder durch Berufswechsel möglich ist, da werden die Lebensweisen der verschiedenen, sozialen Gruppen einander mehr angeglichen als wo dies nicht der Fall ist. Die Lebensführungen der sozialen Kreise differieren dann schließlich noch mehr oder minder stark voneinander, je nachdem ob sie eine ausgedehntere Konsumtion als andere minderbemittelte Schichten mehr oder minder stark ablehnen oder je nachdem wie weit religiöse Einstellungen einen gesteigerten Lebensgenuß an und für sich zulassen.

Aus den innerhalb einer Schicht vorhandenen Lebensführungen bildet sich dann bei dieser und anderen sozialen Gruppen die Anschauung eines standesgemäßen Lebensstandards, die ihren Ansichten nach zu dieser Schicht gehört. Diese Anschauung ist nicht eine einzelne Vorstellung, sondern besteht aus einem Komplex von Vorstellungen, welche ihrerseits Durchschnitte aus Erfahrungen über Lebenshaltungen von Individuen dieser Schicht darstellen und sie weist, da sich ja in einer Schicht immer graduell verschiedene Lebensführungen finden, eine oberste und unterste Stufe auf. Zwischen diesen beiden Stufen kann nun wiederum bei den verschiedenen Schichten und zu verschiedenen Zeiten eine sehr verschieden weite Spannung bestehen. So hatten z. B. vor dem Kriege die dem Mittelstand angehörenden Schichten Auffassungen über ihnen zukommende Lebenshaltungen mit relativ geringer Spannung der Ober- und Unterstufe der standesgemäßen Lebensführungen. Anders z. B. der Adel. Bei diesem stieg das Ansehen der Einzelnen sehr beträchtlich, je mehr sie qualitativ und quantitativ ihre Lebenshaltungen ausdehnten. Diese verschieden weite Spannung zwischen der untersten und der obersten Stufe standesgemäßer Lebensführung bei den verschiedenen Schichten ist nicht nur von der verschiedenen Ergiebigkeit des einzelnen Berufes, sondern ebenfalls von sozialethischen und religiösen Einstellungen abhängig. Wo das Mehrverbrauchen als ärmere Standesgenossen oder der Lebensgenuß an sich abgelehnt wird, da sind diese Stufen näher aneinander gelagert als wo dies nicht der Fall ist. Im allgemeinen geht jedoch im letzten Jahrhundert die Entwicklung dahin, daß sich durch die immer stärkere Bejahung des Lebensgenusses und die immer stärkeren Berührungsmöglichkeiten der Schichten innerhalb des Volksganzen die oberen Stufen der verschiedenen, standesgemäßen Lebensführungen einander mehr und mehr annähern. Sie fallen bei vielen Schichten heute zusammen, liegen auf gleichem Niveau. Dies mag den Anschein hervorrufen, als ob heute die Anschauungen standesgemäßer Lebensführungen keine Rolle mehr spielten. Das Zusammenfallen der obersten Stufen standesgemäßer Lebenshaltungen bedeutet jedoch noch keine Aufhebung dieser letzteren!

Für die Bildung der einzelnen Vorstellungen, welche die Anschauungen vom Standesgemäßen konstituieren, sind nun die folgenden, Tatsachen von Belang. *Erstens* formen die einzelnen Erfahrungen die betreffenden Vorstellungen entsprechend der zeitlichen Dauer, während welcher sie gemacht wurden, weil alles, was lange beobachtet wird, sich dem Menschen besonders einprägt. *Zweitens* kommt auch hier jeder neuen Erfahrung ein Übergewicht gegenüber einer früher gemachten Beobachtung bei der Gestaltung der Vorstellung zu, da — wie wir wissen — alles Neue lebendig ist, während alles Vergangene für den Menschen blasser wird, um so blasser, je weiter es zurückliegt, bis es schließlich sogar einmal völlig verblaßt. Wichtig ist für die Formung auch dieser Vorstellungen dann *drittens* noch, daß sie sich aus dem bilden, was die Individuen von anderen hören, und aus dem, was sie selbst erleben. So belehren die Älteren die Jüngeren über das, was standesgemäß für sie ist; und zwar vermittels Vorstellungen, die selbst Durchschnitte aus Erfahrungen sind und welche wiederum teils selbst gemacht, teils übermittelt wurden, so daß sich auch in diesen Anschauungen über standesgemäße Lebensführungen eine weite Vergangenheit niederschlägt. Gehen nun die übermittelten und die eigenen Erfahrungen bei den Individuen auseinander, so gilt auch hier selbstverständlich, daß der eigenen Erfahrung bei der Bildung des Durchschnittes ein Übergewicht zukommt. Dies ist nur dann nicht der Fall, wenn die Übermittlung der Vorstellungen durch die Älteren an die Jüngeren mit besonderem Nachdruck erfolgt.

Erscheinen doch z. B. bestimmte Lebensführungen vielfach als göttliche Norm und damit zugleich diejenigen, die sich nicht an sie halten, sie bezweifeln und abändern, als göttlicher Strafe unterworfen. Aber auch wenn die die Abänderung erschwerenden Zusätze nicht in dieser Form erfolgen, so geht die Belehrung über eine standesgemäße Lebensführung doch vielfach zugleich mit einem starken positiven Wertakzent vor sich, dessen Gründe noch dargelegt werden sollen und die den übermittelten Beobachtungen lange Zeit bei der Formung der Anschauung vom Standesgemäßen einen Vorrang gegenüber eigenen Erfahrungen gibt. Geschieht die Belehrung über eine standesgemäße Lebensführung jedoch nicht mit besonderem Nachdruck — wie es in der Gegenwart der Fall ist — so müssen auch hier die Vorstellungen über das, was standesgemäß ist, bei Jüngeren durch eine neue Erfahrung plastischer sein als bei Älteren, da sie sich bei den Jugendlichen nicht mehr aus überlieferten Erfahrungen konstituieren*, eine Tatsache, die einen Teil der Reibungen zwischen Alten und Jungen über das, was man tun darf und zu lassen hat, erklärt. Aus dieser Tatsache würde ferner z. B. für Lohnkämpfe folgen, daß es — wenn in einem Gewerbe ein bestimmtes Lohnniveau den Arbeitern die von ihnen für standesgemäß angesehene Lebenshaltung ermöglichte, dann jedoch eine Lohnsenkung eintrat — in jenem Gewerbe leichter zu einem Kampfe um die Wiederherstellung des alten Lohnniveaus kommt, wenn in ihm vorwiegend ältere Arbeiter beschäftigt sind; daß sich die Arbeiter andererseits in einem Gewerbe, in welchem die Löhne über das von ihnen als standesgemäß empfundene Ausmaß erhöht worden waren, einer erneuten Herabsetzung derselben stärker widersetzen werden, wenn in demselben in der Hauptsache jüngere Arbeiter eingestellt sind, weil eben im ersteren Falle die neue Lebenslage die Anschauung vom Standesgemäßen bei den Arbeitern weniger zu beeinflussen vermag als im zweiten Falle. Erfolgt die Übermittlung der Erfahrungen über Lebensführungen durch Ältere an die Jüngeren jedoch unter besonderem Nachdruck, kommt also der

* Diesem letzten Nebensatz wurde hier ein „Nicht“ eingefügt, da er sonst keinen Sinn ergibt und dies Wort nur versehentlich im Original fehlte. (Hrsg.)

übermittelten Erfahrung gegenüber der eigenen Beobachtung ein Übergewicht bei der Formung der die Anschauung vom Standesgemäßen konstituierenden Vorstellungen zu, so haben wir gerade das Umgekehrte!

Was an der standesgemäßen Lebensführung innerhalb kürzerer Zeit geändert werden kann, ist verhältnismäßig wenig. Und zwar ist die Variabilität der Anschauung standesgemäßer Lebensführung deshalb geringer als diejenige der anderen Vorstellungen, weil auf ihr *immer* ein positiver Wertakzent ruht, der ihre Abänderung erschwert — auch wenn er von den Älteren den Jüngeren nicht übermittelt wurde. Die standesgemäße Lebensführung, die, wie wir wissen, ihr Gepräge vom Beruf her erhielt, mittels dessen die Schicht sich in die Volkswirtschaft einfügte, bleibt daher noch lange für ein Individuum und für eine Schicht maßgebend, auch wenn diese jetzt eine andere Funktion in derselben erfüllen. Die spezifischen Eigenarten der standesgemäßen Konsumtion, ursprünglich zweckmäßig, werden unter gewandelten Verhältnissen nun sinnlos, trotzdem aber weitergeschleppt. Sie erhalten ihren Wert jetzt nicht mehr von der Bedürfnisbefriedigung her, sondern oft allein nur noch durch ihr Eingeordnetsein in die Rubrik „Standesgemäß". Die Grenznutzenschule, die die Werte der Güter *nur* aus der Intensität der bei dem Verzehr der Güter eintretenden Bedürfnisbefriedigung des von sozialen Bindungen freien Individuums herleitet, erfaßt somit die in der Wirklichkeit vorkommenden Werte gar nicht immer, bzw. gar nicht immer voll. Neben dem individuellen Wert, d. h. dem Werte, der sich aus der Bedürfnisbefriedigung auch eines isolierten Individuums ergeben würde, haben die Güter vielfach einen additiven sozialen Wert, oft nur einen solchen. Einen sozialen Wert, der — um in der Sprache der Romantik zu sprechen, welche diese Zusammenhänge ahnte, doch für die Theorie noch nicht verwertete — dadurch entsteht, „daß der Mensch die Sachen in den Kreis seines Lebens und seiner Persönlichkeit hineinzieht"[1]. Dieser soziale Faktor des Güterwertes muß selbstverständlich auch seinen Niederschlag in dem subjektiven Geldwert finden. Dem *„sozialen Güterwert"* steht somit ein *„subjektiv sozialer Geldwert"* zur Seite.

Die Anschauung standesgemäßer Lebensführung und die gegebene Lebenslage einer Schicht vermögen nun in sehr verschiedenem Verhältnis zueinander zu stehen. Ist die Lebenslage einer Schicht durch weite Zeitspannen hindurch unverändert geblieben, so können sich beide qualitativ und quantitativ decken. Tun sie dies nicht, weil sich die gegebene Lebenslage verändert hat, so wird die Divergenz zwischen bei-

[1] A. *Müller*, „Von der Notwendigkeit einer theologischen Grundlage der gesamten Staatswissenschaften und der Staatswirtschaft insbesondere." Wien 1819, Neudruck 1898, S. 48.

den um so geringer, je länger die wirkliche Lebenslage einer sozialen Gruppe von ihrer früheren, verlorengegangenen Lebensführung abweicht, welcher die Anschauung standesgemäßer Lebenshaltung entsprach. Denn mit der längeren Dauer der neuen Lebenshaltung werden die Erinnerungen an die frühere Zeit blasser. Die Anschauung vom Standesgemäßen verlebendigt sich mehr und mehr mit Eindrücken der gegenwärtigen Lebenslage. Gewöhnt an den neuen Zustand erscheint dem Einzelnen jetzt vieles an seiner früheren Lebenshaltung fremd. Die Anschauung vom Standesgemäßen steigt bzw. sinkt dann ganz allmählich, um sich schließlich einmal nur mit Erfahrungen aus der gegenwärtigen Lebenslage der Schicht zu füllen und sich dadurch mit ihr zu decken. Um so größer der Unterschied zwischen der als standesgemäß angesehenen Lebensführung im Bewußtsein der Konsumenten und ihrer gegebenen Lebenslage ist, um so längere Zeitspannen sind erforderlich, bis die Anschauung vom Standesgemäßen und die wirkliche, empirische Lebenslage einer Schicht sich decken. Der Kontakt der Anschauung vom Standesgemäßen mit der früheren, verlorengegangenen Lebenslage löst sich schneller, wenn die Konsumenten die alte Zeit nicht mehr selbst erlebt haben, sondern sie nur noch vom Hörensagen kennen.

An die standesgemäße Lebensführung — von der wir uns ebenfalls auf Grund des Einkommens einer Schicht im Wandel der Zeit, dem Verhältnis der übermittelten zur eigenen Erfahrung, sowie ihres Altersaufbaus mit Hilfe der uns bekannten Formungsgesetze ein Bild machen können — ist nun der Konsument gebunden, d. h. sie ist bestimmend für sein Handeln! Diese Bindung ist eine ungeheuer starke. Befindet sich der Wirtschafter mit seiner Lebenshaltung schon dicht an der obersten Stufe derselben, so kann er bei steigendem Einkommen seine Konsumtion nur noch wenig ausdehnen. Befindet er sich gerade nur auf der Unterstufe, so kann nicht einmal der Sparwille, z. B. Rücklagen für Zeiten der Not oder für die Ausbildung der Kinder zu machen, das Individuum veranlassen, seine Lebenshaltung unter derselben festzulegen. Werden die Wirtschafter durch eine Einkommensverkürzung — also gegen ihren Willen — in ihrer Lebenshaltung unter die unterste Stufe des von ihnen für standesgemäß gehaltenen Lebensstandards gedrückt, so werden sie dadurch als Produzenten — um mit ihrer Lebenshaltung nicht unter jene unterste Stufe zu gelangen — zu einem sehr viel stärker vermehrten Angebot an Arbeitsleistungen veranlaßt, als wenn es sich nur um Herstellung eines erneuten Gleichgewichtes zwischen Arbeitskosten und dem individuellen Güternutzen handelt, wie ihn die Grenznutzenschule bisher berücksichtigte, da eben die der standesgemäßen Konsumtion angehörenden Güter über die von der Grenznutzenschule behandelte Bedürfnisbefriedigung hinaus Wert besitzen.

Wird der Konsument trotz seines Widerstandes durch Steuern oder durch Geldentwertung zwangsweise zu einer Lebenshaltung unter der untersten Stufe der für ihn standesgemäßen Lebensführung verurteilt, so kehrt er zu ihr zurück, sobald die Verhältnisse es ihm wieder ermöglichen, wobei diese Rückkehr zur standesgemäßen Lebensführung nur dann auch eine völlige Rückkehr zur früheren Lebenslage bedeutet, wenn die zwangsweise Einschränkung der Konsumtion nicht so lange andauerte, daß sie die Anschauung standesgemäßer Lebensführung zu sich herabzuziehen begann. Die ungeheuer starke Bindung der Konsumenten an die standesgemäße Lebenshaltung zeigt sich ferner darin, daß der Aufrechterhaltung derselben die größten Opfer gebracht werden! Heiraten unterbleiben, Geburten werden eingeschränkt, wenn sie in Gefahr ist. Im Mittelalter werden Nachkommen den Klöstern zugewiesen, wenn eine Aufteilung des Erbes unter eine zu große Zahl von Geschwistern die standesgemäße Lebensführung der Familie untergraben würde[2]. Der Bauernhof wird auch heute noch oft auf Jahre hinaus verschuldet, um eine Hochzeit oder ein Begräbnis zu feiern, wie es bei den Standesgenossen üblich ist. Das Streben, die standesgemäße Konsumtion zu realisieren, ist ferner die Ursache dafür, daß die Wirtschafter, wenn ihr Einkommen eigentlich einen Lebensstandard unter ihrer untersten Stufe verlangt, doch noch an gewissen, besonders ins Auge fallenden Äußerlichkeiten derselben festhalten und zwar vermittels einer äußerlich nicht so in Erscheinung tretenden, mangelnden Fürsorge für die Gesundheit, obwohl sie wissen, daß sie diese Handlungsweise unter Umständen mit dem Leben bezahlen müssen. All dies gilt nicht nur für den Fall, daß Einzelne um die Realisierung des für sie Standesgemäßen kämpfen, sondern auch für den Fall, daß eine Schicht als Ganzes um dieselbe ringt.

Die Bindung des Konsumenten an eine standesgemäße Lebensführung, der Wertakzent, den diese trägt, wurzelt im Mittelalter vor allem in der Weltanschauung jener Zeit, in der jeder Stand sich gliedhaft in die in der Kirche gipfelnde Hierarchie einfügte und seiner funktionellen Eigenart bewußt, diese auch in seiner Lebensweise symbolisieren wollte. Mit dem Wechsel in der Weltanschauung ist in der Neuzeit *diese* spezielle Bindung verlorengegangen, aber nicht die Bindung an eine standesgemäße Lebensführung überhaupt! Sie ist der Gegenwert mit ihrer rein individualistischen Weltanschauung nur unbewußter geworden. Daß auch gegenwärtig noch eine Bindung der Menschen an standesgemäße Lebensführungen vorhanden ist, beweist z. B. die heutige Rechtsordnung, denn das BGB bestimmt in § 1610, *Absatz I* das Maß des durch

---

[2] Mit dieser Bemerkung soll nicht etwa die Einstellung des Mittelalters zum Klosterleben gekennzeichnet werden! Der Eintritt in das Kloster beruhte in jener Zeit im großen und ganzen auf ganz anderen Motiven.

Verwandte an einen Berechtigten zu gewährenden Unterhalts gemäß der Lebensstellung dieses letzteren. Also nicht gemäß der Höhe des Einkommens des Verpflichteten! Das BGB spricht hier sogar ausdrücklich vom „standesgemäßen“ Unterhalt.

Die Bindung an die standesgemäße Lebensführung dient in der Gegenwart — im Gegensatz zum Mittelalter — jedoch allein den Zwecken des Individuums. Schutz und seelisch-geistigen Kontakt gewähren jedoch, wie die Erfahrung zeigt, die einzelnen Schichten gegenüber Angehörigen der eigenen Schicht viel entgegenkommender als gegen Angehörige anderer sozialer Kreise, da sie sich auf Grund der vom Beruf her bedingten, gleichen Eigenart mit ihnen besonders verbunden fühlen und dadurch auch ganz andere Möglichkeiten des gegenseitigen Verständnisses haben. Bestimmte Lebensführungen gewinnen nun auch heute noch dadurch für die einzelnen Wertakzent, daß sie als Kriterien für die Zugehörigkeit zu bestimmten Schichten gelten und somit gewissermaßen der Schlüssel zur Hilfsbereitschaft anderer und zu enger, seelisch-geistiger Gemeinschaft werden, so daß ihnen nun, wenn nötig, die erwähnten Opfer gebracht werden. Den Vorteil, den eine Veränderung in der Lebensführung einem Konsumenten dadurch bieten kann, daß die neue Lebenshaltung als Merkmal der Zugehörigkeit zu sozial angeseheneren und damit einflußreicheren Schichten wirkt, die somit das Individuum ganz anders zu stützen vermögen, ist zwar ein Stimulus für eine solche Veränderung, doch stehen dem Anreiz dazu auch Hemmungen entgegen. Der Einzelne, welcher sich durch eine andere Lebensführung aus seinem früheren Kreise löst, entbehrt eine Zeit lang jeder festeren Verbindung mit einer Schicht. Er befindet sich zwischen den Schichten. Seine alte Schicht wird ihm entfremdet, weil er durch seine veränderte Lebensführung kundgibt, nicht mehr zu ihr gehören zu wollen. Ja, er hat meist sogar unter einer gewissen Mißachtung zu leiden, mit welcher dieselbe — auf Grund des Selbstbewußtseins, das jede Schicht besitzt — den dem Zuge „nach oben“ folgenden straft. Die andere Schicht nimmt das Individuum aber nicht sogleich auf, da sich die Veränderungen seiner Lebensweise zuerst nur auf Äußerlichkeiten erstrecken können, während die einzelnen Schichten nicht nur durch Äußerlichkeiten der Lebenshaltung voneinander abweichen.

Die Bindung der Konsumenten an standesgemäße Lebensführung ist ferner — auch heute noch — dadurch verursacht, daß sich bei einer Lebenshaltung, die eine Schicht durch lange Zeitspannen hindurch besaß, wie bei allem, was sich durch lange Zeiträume hindurch zutrug, in den Menschen das Gefühl bildet, daß es so sein *müsse,* nicht anders sein *dürfe.* Fast könnte man sagen, daß so bei einer Schicht das Empfinden entsteht, auf eine gewisse Lebenshaltung ein Anrecht zu haben. Dieses Gefühl des „Rechtes“ einer Schicht auf eine bestimmte Lebenshaltung war im Mittelalter ganz besonders ausgeprägt. So scheinen die vielfachen Kleiderordnungen in jener Zeit u. a. dieses „Anrecht" auf bestimmte Lebenshaltungen bei den verschiedenen Schichten, was für uns heute in diesem Maße nicht mehr verständlich ist, fixieren zu wollen. Es ist für uns heute nicht mehr in diesem Maße verständlich, weil in der Gegenwart eben die obersten Stufen standesgemäßer Lebensweisen verschiedener Schichten vielfach die gleichen sind. Der Begriff des „Luxus", der sich überhaupt ohne das Erkennen des Gebundenseins der Konsumenten an standesgemäße Lebensführungen nicht voll erfassen läßt, weil er sich auf eine Konsumtion bezieht, welche über diese letztere hinausgeht, schließt im Mittelalter eine Art „Rechtsverletzung" ein. Aber auch noch heute wird ein gewisses Anrecht sozialer Gruppen auf bestimmte Lebenshaltungen stillschweigend respektiert. Bestimmte Gebräuche werden nur bei ganz bestimmten Kreisen geduldet, bei Individuen anderer sozialer Schichten dagegen kritisiert und lächerlich gemacht. Ansprüche einer Schicht, die sich mit jenem „Anrecht" nicht vereinen lassen, werden von den übrigen Individuen zurückgewiesen, so daß auf diese Weise von der Anschauung der zu einer Schicht gehörenden standesgemäßen Lebensführung Tendenzen ausgehen, die reale Lebenslage derselben an sich zu ziehen.

Daher liegt es im Interesse jeder Schicht, daß eine möglichst ausgedehnte Lebenshaltung als für sie standesgemäß erachtet wird und es erklärt sich auf diese Weise auch die Tatsache, daß eine Schicht dazu neigt, noch vorhandene Bindungen zu einem Individuum zu zerschneiden, dasselbe gewissermaßen in die Schutzlosigkeit und in die seelisch-geistige Kontaktlosigkeit zwischen den Schichten hinauszustoßen, obgleich nichts Trennendes vorliegt, außer einer nicht aufrechterhaltenen, vielleicht sogar unfreiwillig nicht aufrechterhaltenen standesgemäßen Lebensführung. Dieses fast möchte man sagen instinktmäßige, weil seiner Motive unbewußte und grausame Vorgehen — das in der äußeren Erscheinungsform seine Parallele in der Tierwelt hat, wo in Äußerlichkeiten abweichende Lebewesen von den übrigen aus dem Gruppenleben ausgestoßen, meist sogar getötet werden — beruht darauf, daß die Angehörigen einer Schicht mit gehobener, standesgemäßer und in der Wirklichkeit auch realisierter Lebensführung die Bedrohung ahnen, die dieser letzteren erwächst, wenn ein Individuum, das zu ihrer Schicht zählt, jene Konsumtion in ihrem Minimum nicht einhält. Da die Vorstellungen, welche die Anschauung vom Standesgemäßen konstituieren, Durchschnitte aus Erfahrungen über Lebenshaltungen einer Schicht sind, so wirkt sich allerdings von jeder der standesgemäßen Lebenshaltung nicht entsprechenden Konsumtion eine wenn auch noch so geringe Tendenz aus, die Anschauung von der zu dieser Schicht gehörenden, standesgemäßen Lebensführung zu senken. Die Angehörigen einer

Schicht entziehen sich der dadurch hervorgerufenen Bedrohung ihrer gegebenen Lebenslage, indem sie durch Zerschneiden der noch vorhandenen Bindungen das Individuum nicht mehr als Glied ihres Standes kennzeichnen.

Schließlich sind die Konsumenten an ihre standesgemäßen Lebensführungen noch durch reines Gewohntsein gebunden, denn sie sehen sie überall in ihrer engsten Umgebung realisiert und ahmen sie von früh auf nach. Jeden Durchbruch gewohnten Handelns — auch bei der Konsumtion — suchen die Menschen aber möglichst zu vermeiden. Denn alle wirtschaftlichen Handlungen legen ihnen nicht nur Opfer an Gütern und körperlichen Arbeitsleistungen auf, sondern verursachen ihnen auch als denkenden Wesen, die bewußt sinnvoll vorgehen, neben Zeitverlust einen Aufwand an seelisch-körperlichen Kräften, wie sie jede geistige Funktion mit sich bringt. Da die Menschen unter dem Gesetz des Werdens und Vergehens stehen, da also ihre Lebenszeit beschränkt ist und sie außerdem innerhalb derselben nicht unbegrenzte Kräfte haben, so sind auf höheren Kulturstufen Zeit und Kraft für sie ebenso knapp im Verhältnis zum Bedarf wie die Gütermengen. Infolgedessen ist jeder Mensch nicht nur bestrebt, wirtschaftlichen Nutzen mit möglichst geringen Güterkosten zu erlangen, sondern ihn auch mit möglichst geringem Aufwand an seelisch-körperlicher Kraft sowie an Zeit zu erzielen. Das Haushalten mit den körperlich-seelischen Kräften und die Ersparnis an Zeit erreicht der Mensch u. a. dadurch, daß er seine Handlungen gewohnheitsgemäß vollzieht, weil gewohntes Handeln ein mechanisches Handeln, ein Handeln ohne bzw. mit weniger Überlegung ist, das somit auch kürzere Zeit dauert. Jede Änderung des Gewohnheitsmäßigen erfordert erneutes Abwägen, auf welchen Wegen das Ziel, das erreicht werden soll, am zweckmäßigsten erreicht werden kann; verlangt die Auswahl unter verschiedenen, oft sehr zahlreichen Möglichkeiten; erfordert dann aber auch so lange erneutes bzw. stärkeres Überlegen bei dem Vollzug, bis das neue Vorgehen allmählich wieder gewohnt wird. Jede Änderung des Gewohnheitsmäßigen verbraucht also Kraft und Zeit. Auch aus diesem Grunde suchen die Konsumenten ihre ihnen gewohnten standesgemäßen Lebenshaltungen zu wahren und tendieren — zwangsweise aus ihnen verdrängt — zu ihnen zurück, solange die neue Lebenshaltung ihnen noch nicht zur gewohnten wurde, was immer erst nach längerer Dauer der Fall sein kann.

Wir sind somit berechtigt, den Konsumenten als homo habitualis zu bezeichnen. Indem wir dies tun, lehnen wir seine Kennzeichnung als homo oeconomicus — wie es seit den Physiokraten und Klassikern in der Theorie üblich war — als der Wirklichkeit widersprechend ab! Der Konsument strebt nicht unbegrenzt nach Vorteil, also nach Gewinn, sondern nur begrenzt nach Vorteil, d. h. nach standesgemäßer Lebensführung. Und zwar kann der Wirtschafter in der Gegenwart als Produzent gewinnstrebend sein, während er es als Konsument nicht ist, weil — vgl. W. Sombart — die Entwicklung seiner Unternehmung für ihn heute meist zum Selbstzweck wird. Vielfach scheiden die Individuen auch aus der am Gewinn orientierten Produktion aus, wenn das standesgemäße Einkommen ihrer Familien auf lange Zeit hinaus gesichert ist. Sie werden dann Beamte, Gelehrte u. a. An ihre Stelle treten im Produktionsprozeß andere Individuen, so daß „der" Produzent auch dann von der Wirtschaftstheorie mit Recht als gewinnstrebend angenommen werden kann, wenn der einzelne, ihn jeweils darstellende Wirtschafter es vielleicht gar nicht ist — also es als Konsument *und* Produzent nicht ist!

Wir lehnen ferner die noch heute herrschende Auffassung ab, daß die Lebenshaltung des Konsumenten unbeschränkt variabel sei. Dieser ergreift auch darum nicht jeden sich ihm bietenden Vorteil, weil er — wie wir sahen — für eine Veränderung seiner Lebenslage innerhalb des für ihn Standesgemäßen eben immer nur einen gewissen Spielraum hat. Von einem bestimmten Punkte ab sind die Bedürfnisse der Konsumenten in der Tat starr. Diejenigen Merkantilisten, welche dies bereits behaupteten, waren also durchaus im Recht. Die ihrer Meinung entgegenstehende These der späteren Theorie, welche — wie gezeigt wurde — ihrerseits nichts als eine sich einem auf unempirische Weise gewonnenen, theoretischen Prinzip anpassende Ansicht war, wurde als den Tatsachen widersprechend nachgewiesen.

Zu sagen ist ferner noch, daß die Betonung ständischer Gebundenheit der Konsumtion bzw. die Betonung voneinander divergierender Lebensführungen der verschiedenen Schichten nicht etwa irgendein Werturteil in sich schließt. Wir nehmen in keiner Weise dazu Stellung, ob diese beiden Tatsachen abzuurteilen sind oder nicht. Wir behaupten nur, daß die Wirklichkeit sie zeigt und ziehen daher auf sie aufbauend den Konsumenten als homo habitualis für die nachfolgenden Untersuchungen heran. Dies schließt ebensowenig ein Werturteil in sich, wie die Benutzung des homo oeconomicus als methodisches Prinzip an und für sich ein Werturteil über das Gewinnstreben der heutigen Produzenten bedeutet!

4. Der „homo extraordinatus“ *

1. Einleitung:

Die Volkswirtschaftslehre als Torso

Die Volkswirtschaftslehre entstand in der Klassik als ein *Torso*, d. h. nur als Lehre von der Produktion. In jener Gestalt war sie durch die in damaliger Zeit zur Entfaltung drängenden, gewerblichen Kräfte bedingt, welches alle Interessen, auch das wissenschaftliche, auf sich zogen. Die Sphäre des „letzten“ Verbrauchs, durch welche die Kräfte der Produktion mittels der Idee der Nahrung in der Vergangenheit gefesselt worden waren, wurde daher vernachlässigt[1]. Was nicht zur

* *Quelle:* Studien zur Soziologie, Festgabe für Leopold von Wiese aus Anlaß der Vollendung seines 70. Lebensjahres, herausgegeben von L. H. Ad. *Geck*, Jürgen *v. Kempski*, Hanna *Meuter*. I. Band, Internationaler Universumverlag, Mainz 1948.

[1] E. *Dühring:* „Die sogenannte Theorie der Konsumtion hat... die Rolle eines höchst überflüssigen Zusatzes oder eines vereinsamten Anhangs spielen müssen.“ Kursus der National- u. Sozialökonomie. Berlin 1873. S. 14. — G. v. *Schullern-Schrattenhofen*: „Leider fehlt auf theoretischem Gebiet noch sehr viel, um von einer umfassenden und einheitlichen Lehre vom Konsum sprechen zu können.“ Die theoretische Nationalökonomie Italiens in neuester Zeit, 1891. S. 180 ff. — T. A. *Walker:* „We need a new Adam Smith or another Hume to write the economics of consumption.“ Political economy. London 1892. S. 137. — W. *Lexis:* „Die englische Schule hat vorzugsweise die Produktion ins Auge gefaßt und es nicht für nötig gehalten, den volkswirtschaftlichen Prozeß auch noch speziell von der Seite der Konsumtion aus zu betrachten.“ Schönbergs Hdwbch. der polit. Ökonomie. I. Bd. IV. Aufl. Tübingen 1896. S. 789. — J. *Lehr:* „Die Lehre von der Konsumtion... bildet meist nur ein Anhängsel.“ Die Grundbegriffe der Nationalökonomie. II. Auflage. Leipzig 1901. S. 16. — A. *Marshall:* „Bis vor kurzer Zeit ist das Thema... Konsumtion etwas vernachlässigt worden.“ Hdwbch. der Volkswirtschaftslehre. Stuttgart 1905. S. 132. — Fr. *v. Wieser:* „Über die Produktion hat die Wirtschaftslehre sehr viel zu sagen, über die Konsumtion schweigt sie...“ Grdß. der Sozialökonomie. I. Abteilung, 1. Aufl. Tübingen 1914, S. 158. — Ch. *Gide:* „Il... s'agit... d'envisager tous les phénomènes économiques en se plaçant au point de vue du consommateur ou principalement au point de vue du producteur comme on l'a fait jusqu'à présent...“ — C. Z. *Strat:* „L'exclusion de la consommation du cadre de la science économique ne peut persister qu'au détriment de l'exactitude scientifique...“ Le role du consommateur dans l'économie moderne. Paris 1923. S. 243 ff. — K. *Oldenberg:* „Die Konsumtion hat schon in der Anordnung der Lehrbücher nicht den ihr gebührenden Platz.“ Die Konsumtion. Grdß. der Sozialökonomie. II. 1. Abt. II. Aufl. Tübingen 1923. S. 289. — C. *Pirou:* „Schließlich entgeht auch der vierte Teil der klassischen Systematik, der der Konsumtion gewidmet ist, nicht der Kritik.“ Die Wirtschaftstheorie der Gegenwart. I. Bd. „Frankreich“. Wien 1927.

Lehre von der Produktion gehörte, wurde höchstens in ihrem Dienst, von ihren Sichten aus und mit ihren Methoden, *d. h. nicht eigenständig erforscht.* Spiegelt doch die Wirtschaftswissenschaft in der Ausrichtung ihres Interesses und in der Art ihres Erkenntnisweges auch die jeweils gegebene wirtschaftliche Lage wider. Ein solcher Torso ist die Wirtschaftswissenschaft bedauerlicher Weise bis zur Gegenwart geblieben. Zwar kam in der Grenznutzenschule eine Theorie des Verbrauchs[2] — d. h. der Bedürfnisbefriedigung mit wirtschaftlichen Mitteln — zur Anerkennung, doch nur eine Theorie des Verbrauchs, welche im Dienst der Erkenntnis der Produktionssphäre stand. Sie war ebenfalls nur auf die quantitativen Phänomene ausgerichtet, baute auch auf die Gleichgewichtsidee auf und erfaßte den Konsumenten wie den Produzenten, nämlich als einen unbegrenzt nach Vorteil, also hier *unbegrenzt nach Gütergenuß strebenden Wirtschafter.* Sie sah ihn somit ebenfalls als homo oeconomicus an; arbeitete daher mit dem gleichen methodischen Prinzip wie die Lehre von der Produktion. Von der sozialen Einbettung der Individuen wurde auch hier abstrahiert und — vgl. die Wertfunktionen — gleichfalls, wie in der Theorie der Produktion, nur die Mensch-Dingbeziehung berücksichtigt[3]. Sie war also nicht eigenständig, sondern stand völlig im Dienst und unter dem Einfluß der Lehre von der Produktion. Sonst ist man — abgesehen von der Grenznutzenschule — meistens der Auffassung, daß der Konsument theoretisch überhaupt nicht erfaßbar wäre, da er launisch sei und irrational handele.

2. Die eigenständige Lehre vom Konsum

Nachdem N. S. Patten als erster die Forschung bereits auf das Qualitative des Konsums und zudem auf das Problem der Veränderung des Verbrauchs gelenkt hatte, setzte sich in der Gegenwart in Amerika — hier im Anschluß an Patten — und fast gleichzeitig und unabhängig von Amerika auch in Deutschland eine *eigenständige Theorie des Konsums* durch[4]. Sie durchforscht den Konsum um seiner selbst willen, mit

S. 94. — O. *v. Zwiedineck-Südenhorst:* „Wenn Smith und ... J. St. Mill die Vorgänge im Bereich der letzten Konsumtion für so mannigfaltig und irrational gehalten haben, daß sie mit ihrer theoretischen Arbeit vor diesem Erfahrungsobjekt Halt machen zu müssen glaubten, so kann dies doch kein ewiger Zustand bleiben." Der Begriff des homo oeconomicus und sein Lehrwert. Jahrbücher für Nationalökonomie und Statistik. Jena 1934. S. 617. — etc.

[2] Wenn wir im Folgenden vom „Verbrauch" schlechthin sprechen, ist immer der *„letzte" Verbrauch* gemeint. Der produktive Verbrauch ist — vgl. später — von ihm heute wesensmäßig verschieden, sodaß beide scharf geschieden werden müssen.

[3] L. v. *Wiese:* „Wirtschaftstheorie und Wirtschaftssoziologie". Schmollers Jahrbch. 2. Halbbd. München-Leipzig. 1926. S. 47 ff.

[4] N. S. *Patten:* „The effect of the consumption of wealth on the economic welfare of society." New York 1886. „Die Bedeutung der Lehre vom Grenz-

eigener Methode und zugleich auf wirklichkeitsnäherer Ebene als die Grenznutzenschule es tut. Sie steht zu ihr also in keinem Gegensatz — die Vertreter der eigenständigen Konsumtionstheorie sind meist zugleich Anhänger der Grenznutzenschule —, sondern „überbaut" sozusagen die Lehren derselben. Nach ihr ist der Verbraucher, wirklichkeitsnäher untersucht, weder launisch, noch handelt er irrational, ist also nicht theoretisch unerfaßbar, sondern, von einer geringen Abstractionsebene her gesichtet, zeigt sich nur, *daß er kein homo oeconomicus mehr ist, der unbegrenzt nach Gütergenuß strebt und dessen Streben allein durch das Gleichgewicht Nutzen—Kosten Halt geboten wird.* Der Konsument weist nach den Untersuchungen der eigenständigen Konsumtheorie nur eine Tendenz auf, das Grenznutzenniveau zu erreichen. Er geht — auf dieser ihrer weniger abstracten Forschungsebene — teils über das Gleichgewicht der Grenznutzen hinaus, teils bleibt er hinter demselben zurück, denn er hat nur einen geringen, im Verlauf der Geschichte mehr oder minder großen Spielraum für freie, nach dem ökonomischen Prinzip ausgerichtete Verbrauchsentschließungen. Abstrahieren wir von diesem freien Spielraum, so sehen wir, daß der übrig bleibende Teil des Konsums — ohne daß das Individuum sich dessen bewußt ist — von Gruppen, denen es zugehört, geleitet wird, denn innerhalb der Wirtschaft *kann* eine Gruppe Trägerin einer Lebenshaltungsvorstellung, d. h. eines strukturierten Komplexes ökonomischer Normen sein, welche den realen Verbrauch der Gruppenangehörigen qualitativ und quantitativ festlegen[5].

---

nutzen." Jahrbücher f. Nationalökonomie u. Statistik, III. Folge. 2. Bd. Jena 1892. „The theory of dynamic economics." Philadelphia. 1892. „The consumption of wealth." Philadelphia 1901. — G. W. *Watkins:* „Welfare as an economic quantity." New York 1915. — Th. *Veblen:* „The theory of leisure class." N. Y. 1899. — H. *Kyrk:* „A theory of consumption in our society." New York 1938. Eine in Amerika durch einen Ausschuß erlesener Wissenschaftler preisgekrönte Arbeit. — Ch. *v. Reichenau:* „Die Kapitalfunktion des Kredits." Jena 1932. S. 82 ff. „Konsum und volkswirtschaftliche Theorie." Jahrbücher für Nationalökonomie u. Statistik. Bd. 159. Jena 1944. S. 81 ff. „Konsumtheorie u. Verbrauchsforschung." Weltwirtschaft. Arch. 1945. — E. Hoyt: „The consumption in our society." New York 1938. — Vgl. besonders die ausgezeichnete Arbeit von E. *Becker:* „Die Konsumveränderung. Die Durchsetzung von Neuerungen in der Lebenshaltungsvorstellung der sozialen Gruppe." Frankfurter Dissertation 1945.

[5] Wenn wir in dieser Arbeit, soweit sie sich auf Konsumtion bezieht, von *„Gruppe"* sprechen, meinen wir immer nur eine solche Gruppe, die Trägerin einer Lebenshaltungsvorstellung ist, d. h. nicht Trägerin einer oder einiger Normen, sondern eines strukturierten Komplexes von Normen. Über die *Struktur der Lebenshaltungsvorstellung* soll in einer späteren Arbeit berichtet werden. Es ist die Sicht der Struktur, die die Lebenshaltungsvorstellung von den von der Soziologie bereits gelehrten Gruppennormen unterscheidet und die die eigenständige Konsumtionstheorie in dieser Weiterentwicklung über eine bloße Anwendung von Lehren der „Reinen Soziologie" auf ein bestimmtes Gebiet — eben den Verbrauch — hinaushebt.

a) *Die Lebenshaltungsvorstellung*

Diese Bindung des „letzten“ *Verbrauchs an Gruppennormen unterscheidet diesen heute wesensmäßig von dem Verbrauch der produktiven Sphäre!* — Die Lebenshaltungsvorstellung, deren Trägerin die Gruppe ist, besteht aus ungeschriebenen, von keiner rechtlichen Autorität erlassenen, konsumtiven Normen, die auf Erfahrungen von Jahrhunderten fußen[6]. Nicht jede Gruppe ist also Trägerin von konsumtiven Normen. Trotzdem jedes Individuum mehreren Gruppen mit Lebenshaltungsvorstellungen angehört, seinem Volk, seiner Landschaft, seiner Berufsgruppe etc., wollen wir in dieser Arbeit zwecks Vereinfachung annehmen, daß der Konsument jeweils nur einer einzigen Gruppe angehört, welche Trägerin einer Lebenshaltungsvorstellung ist; und zwar einer Gruppe von unveränderter Größe und Struktur, sowie unveränderter Dichtigkeit und Intensität der Beziehungen zwischen den Gruppenangehörigen[7]. *Durch die Sicht dieser den realen Konsum des Einzelnen gestaltenden, von der Gruppe getragenen Lebenshaltungsvorstellung* — dieses „psychical fact“ — *werden die Anhänger der eigenständigen Konsumtionstheorie von Patten bis zur Gegenwart fest zusammengeschlossen.* Durch diese Sicht stehen sie auf anderem Boden als die nur Lust- und Unlustgefühle des Einzelnen, d. h. nur eine ganz bestimmte Individualpsychologie berücksichtigende Grenznutzenschule, welcher oft der Vorwurf gemacht wurde, eine schon überholte Psychologie als Fundament zu haben.

Sich der Lebenshaltungsvorstellung seiner Gruppe anzupassen, erspart dem Einzelnen bei seinem Verbrauch Risiko, sowie Zeit und Kraft des Ausprobierens. Sie ermöglicht es ihm, daß er sich mit seinen Kräften mehr der produktiven Sphäre oder mehr der Ausgestaltung des freien, konsumtiven Spielraums zuwenden kann. Sie nimmt dem Individuum die Verantwortung für den Verbrauch da, wo sie diesen bestimmt, ab und da der größte Teil des Konsum sich im Familienhaushalt abspielt[8], so schützt die Gruppe, welche Trägerin einer Lebenshaltungsvorstellung ist, mit Hilfe derselben nicht nur den Einzelnen, sondern auch die Familie — z. B. bei der Ernährung — vor den Schäden falsch geleiteter Konsumtion. Ja, sie schützt die Familie besonders,

[6] Ähnlich auch E. *Carell:* „Individuelle Bedürfnisse sind nicht Bedürfnisse eines atomisiert gedachten Individuums, denn alle Bedürfnisse sind in letzter Hinsicht durch die Gemeinschaft bestimmt, in der er lebt und deren Teil er ist.“ Allgem. Volkswirtschaftslehre. Leipzig 1943. S. 22. — G. *Schmoller:* „Die soziale Frage.“ München-Leipzig. 1918. S. 292. — W. *Gerloff:* „Regelmäßigkeiten u. Wandlungen des Verbrauchs in der häuslichen Wirtschaft.“ Beiträge z. Statistik. Festschrift für Zizek. Leipzig 1936. — E. *Durkheim:* „Le suicide.“ Etude sociologique. Paris 1930. S. 272 ff.

[7] Vgl. hierzu den Schluß dieser Arbeit.

[8] Ch. v. *Reichenau:* „Konsum u. volkswirtschaftliche Theorie“ siehe oben.

denn der haushaltlose Einzelne ist in sehr viel geringerem Maße durch die Lebenshaltungsvorstellung seiner Gruppe gebunden, als der im Haushalt Lebende[9]. *Die Gruppe zwingt den realen Konsum aller Gruppenangehörigen unerbittlich sich der von ihr diktierten Lebenshaltungsvorstellung anzupassen,* da die Verbraucher sich sonst der Lächerlichkeit, dem Spott, einem Mangel an Hilfsbereitschaft, dem Fehlen seelisch-geistigen Kontakts — denn eine bestimmte Lebensführung wird zum Erkennungszeichen für die Zugehörigkeit zu jener Gruppe, welche die konsumtiven Normen vertritt — dem Boykott, ja, sogar dem Ausgestoßensein aus jener Gruppe aussetzt. Aber auch unabhängig von diesem, von der ganzen Gruppe getragenen sozialen Zwang ist der Konsument zudem noch — das ist für uns wichtig! — durch *Gewohnheit und Nachahmung* an die Lebenshaltungsvorstellung dieser seiner spezifischen Gruppe gebunden.

Durch diese Bindungen ihres Konsums erscheinen — auf dieser weniger abstracten Forschungsebene — die Verbraucher nicht als homines oeconomici, sondern als *„homines habituales“*[10]. Sie streben, wie gesagt, nicht unbegrenzt, sondern nur begrenzt nach Gütergenuß. Sie haben alle infolge Nachahmung, Gewohnheit und des auf sie ausgeübten sozialen Zwanges unter allen Umständen das Bestreben, ihren realen Konsum der Lebenshaltungsvorstellung ihrer Gruppe anzupassen. So wird das Kapital angegriffen, unterbleiben Ehen, wird die Kinderzahl eingeschränkt, Mehrarbeit geleistet, werden Einzeleinkommen zu einem Familieneinkommen zusammengelegt etc. nur um den realen Verbrauch möglichst schnell quantitativ und qualitativ nach der Lebenshaltungsvorstellung auszurichten. Andererseits: weicht der reale Verbrauch nicht Einzelner, sondern der *gesamten Gruppe* infolge verknappter Lebensbedingungen, gegen die keinerlei Anstrengungen, d. h. kein sozialer Zwang irgend etwas ausrichten kann, von der Lebenshaltungsvorstellung durch lange Zeiten hindurch ab, so verblaßt diese letztere langsam in ihrem bestimmt gearteten, qualitativen und quantitativen Gefüge. Die Lebenshaltungsvorstellung senkt dann ganz allmählich ihre Forderungen und paßt sich nach und nach dem kärgeren realen Verbrauch der Gruppe an. Nicht nur der reale Verbrauch der Gruppe ist also in der Lebenshaltungsvorstellung durch den sozialen Zwang gegenüber den einzelnen Konsumenten verwurzelt, sondern auch die Vorstellung ist es in dem realen Verbrauch der Gruppe, sobald ihr Zwang an der Härte der Tatsachen *der ganzen Gruppe gegenüber* scheitert. *Lebenshaltungsvorstellung der Gruppe und realer Verbrauch der Gruppe haben also Beide das Bestreben, sich einander anzugleichen.* Sie sind interdependent, mit allerdings verschiedenen Zeitkoeffizienten.

---

[9] Ch. *v. Reichenau:* „Konsum u. volkswirtschaftliche Theorie“ siehe oben.
[10] Ch. *v. Reichenau:* „Die Kapitalfunktion des Kredits.“ Siehe oben.

b) Die Starrheit der Lebenshaltungsvorstellung

Solange der soziale Zwang der Gruppe dem Einzelnen gegenüber jedoch Erfolg haben kann, tritt uns die Lebenshaltungsvorstellung, da sie sich dem realen Verbrauch also nicht angleichen muß, sondern er sich ihr anpaßt, da sie also den Gruppenzugehörigen zur Realisierung aufoctroyiert und von ihnen auch erfüllt wird, da also kein Abweichen von ihr möglich ist, als *starr und unveränderlich* entgegen und als Folge davon muß es der reale Verbrauch der gesamten Gruppe gleichfalls sein. Daher finden wir bei primitiven Völkern auch oft den Konsum durch Jahrhunderte unverändert. Die Konsumtionsveränderung, an welche die Grenznutzenschule mit dem Gesetz der Unterschiedslosigkeit heranging, ein Gesetz, das die qualitativen Unterschiede in gleiche Nutzenintensitäten auflöst, d. h. die Wahl zwischen Gütern in der Konsumtionssphäre entsprechend der Wahl zwischen Gütern der Produktionssphäre auffaßt und das, wie gesagt, Patten ohne jene Auflösung, d. h. weniger abstract schon bearbeitete, springt als Problem erst scharf und klar heraus, wenn als Kennzeichen der Lebenshaltungsvorstellung der zu ihr gehörende soziale Zwang gesehen und durch ihn die Unveränderlichkeit des realen Verbrauchs der Gruppe begründet wird. Nur *ganz geringfügige* Veränderungen des realen Verbrauchs sind möglich, so geringfügig, daß sie unmerklich sind, daß sie der Gruppe also nicht auffallen, sodaß sie sich ohne Widerstand derselben in ihr ausbreiten können, wie es z. B. Mode- oder Stilwandlungen oft tun. E. Becker bezeichnet diese geringfügige Verbrauchsänderung als „*Wachsen*“, weil sie durch ihre Unspürbarkeit diesem Naturvorgang ähnlich sei[11]. Die Lebenshaltungsvorstellung paßt sich diesen geringfügigen Verbrauchswandlungen dann ebenso unmerklich an. Was für Menschen einer Zeit jedoch eine geringfügige, also unmerkliche Konsumveränderung ist, das ist im Verlauf der Geschichte jedoch sehr verschieden[12]. Nehmen wir den Grenzfall als pars pro toto, so kann man sagen, daß „infinitesimale“ Veränderungen des realen Konsums und der Vorstellung — trotz des sozialen Zwangs, mit dem die Gruppe Veränderungen unmöglich macht — kein Problem bieten. Ähnlich liegt es — nach Schumpeter[13] — ja in der Produktionssphäre, wo nach seinen Untersuchungen geringfügige Veränderungen sich ebenfalls ohne Widerstand durchsetzen können, weil sie unmerklich verlaufen.

Trotzdem verändert sich der reale Verbrauch auch *stoßweise* und muß es tun, weil viele neuartige Konsumgüter[14] sich nicht aufteilen

---

[11] E. *Becker:* a.a.O. S. 56 ff.

[12] E. *Becker:* a.a.O. S. 56 ff.

[13] J. *Schumpeter:* „Theorie der wirtschaftlichen Entwicklung. 2. Aufl. München 1926.

lassen, d. h. sich also nicht mit Hilfe infinitesimaler Veränderungen durchsetzen können. Da aber — gemäß unserer Voraussetzung! — die Lebenshaltungsvorstellung starr und unveränderlich ist und der reale Verbrauch der Gruppenangehörigen sich immer nach ihr ausrichten *muß*, so sind diese ruckweisen Veränderungen, da sie spürbar sind, nun ein zu lösendes Problem. Allerdings nur zum Teil. Denn einmal gibt es die an und für sich merkbaren Veränderungen, die aber verdeckt und versteckt durch Konsumtionstatsachen auftreten, welche der Gruppe bereits gewohnt und bekannt, also von der Lebenshaltungsvorstellung zugelassen sind. So treten z. B. electrische Birnen lange Zeit in den Formen der Petroleumlampen und Wachskerzen auf, und erst jetzt suchen sie allmählich die ihnen gemäßen Beleuchtungsformen (indirekte Beleuchtung). So fahren die ersten Automobile zuerst in der gleichen Form wie die nun überholten Kutschwagen. Auch sie suchen erst allmählich die ihnen gemäße Form. Diese an und für sich spürbaren Verbrauchsveränderungen setzen sich also mit Hilfe von *„Tarnungen“*[15] durch. Sie entziehen sich auf diese Weise der Aufmerksamkeit der Gruppe, also auch ihrem Widerstand. Indem diese „Tarnungen“ von den neuartigen Konsumgütern allmählich durchstoßen werden, werden die ruckweisen und spürbaren Veränderungen gewissermaßen in infinitesimale, also der Gruppe unmerkliche umgewandelt. Als infinitesimale bieten sie für uns — wie eben dargelegt — dann ja kein Problem mehr.

Viele neuartige Verbrauchsgüter sind jedoch nicht nur nicht infinitesimal aufteilbar, sondern auch nicht in dieser Weise tarnbar. Zudem haben wir Menschen vielfach Bedürfnis nach starkem Wechsel. Dann handelt es sich bei dem Eindringen der neuartigen Güter in den realen Verbrauch der Gruppe um ruckweise und spürbare Konsumveränderungen, die wir als „offene Konsumtionsveränderungen“[16] bezeichnen wollen. Wie können diese sogenannten „offenen Veränderungen“ bei dem Zwang, den die Gruppe zwecks Realisierung der Lebenshaltungsvorstellung ausübt, nun aber zustande kommen? Zur Erklärung dieser stoßweisen, sichtbaren und ungetarnten, d. h. „offenen“ Veränderungen müssen wir neben dem sozialen Zwang, den die Gruppe auf den einzelnen Gruppenangehörigen ausübt, noch *drei weitere soziologische Tatsachen* heranziehen. *Erstens* die Tatsache, daß jede Gruppe in Bezug auf das Ansehen, das der Einzelne besitzt, *gegliedert* ist[17]. Zweitens die weitere Tatsache, daß diejenigen, welche innerhalb der Gruppe am

---

[14] Wir berücksichtigen hier vorerst nur das *Eindringen* neuartiger Verbrauchsgüter in die Lebenshaltungsvorstellung und damit in den realen Verbrauch der Gruppe. Vgl. E. *Becker* a.a.O. S. 52 u. 53.

[15] E. *Becker:* a.a.O. S. 76.

[16] E. *Becker:* a.a.O. S. 93.

[17] E. *Becker:* a.a.O. S. 102 ff.

höchsten im Ansehen stehen, in ihrem Verhalten, also auch in ihrer Konsumtion — ohne es zu wollen, denn sie wollen sich von den übrigen Gruppenangehörigen gern abheben! — *beispielhaft* wirken. Ihr Verbrauchsgebaren wirkt zunächst allerdings auf die Lebenshaltungsvorstellung ein und erst durch dieselbe wird dann der Verbrauch der gesamten Gruppe beeinflußt[18]. Da die Gruppenangehörigen, die sich hohen Ansehens erfreuen, als Gruppenangehörige jedoch selbst durch die Lebenshaltungsvorstellung gebunden sind, so ist zwar erklärt, wie die Ausbreitung einer sogen. „offenen" Veränderung von einem Einzelnen — wenn er innerhalb der Gruppe näher als die übrigen an der Spitze der Ansehenspyramide steht — auf die Gruppe zustande kommt. Unerklärt bleibt jedoch, wie diejenigen, die an einer hohen Stelle der Ansehenspyramide stehen — obwohl sie sich durch divergierendes konsumtives Gebaren von den übrigen Gruppenangehörigen gern abheben möchten, um ihre besondere Stellung innerhalb der Gruppe dadurch zu symbolisieren — zu solchen „offenen" Konsumtionsveränderungen überhaupt kommen können. Gerade sie riskieren es bei ihrem Ansehen, das sie genießen, doch am wenigsten sich durch eine Konsumtionsveränderung z. B. lächerlich zu machen und dadurch ihr Ansehen zu verlieren. Veblen[19] betont daher mit Recht, daß die Angesehensten auch stets die Konservativsten in der Lebensführung seien. Ihre Konsumtion unterscheidet sich daher auch vielfach nur durch ein qualitatives „Besser" und nicht immer durch ein qualitatives „Anders" von dem Verbrauch der übrigen Gruppenangehören.

c) Der homo extraordinatus

Um zu verstehen, wie diejenigen, die in Bezug auf ihr Ansehen an der Spitze der Gruppe stehen, doch auch zu solchen „offenen" Konsumtionsveränderungen kommen können, müssen wir nun die weitere *dritte* soziologische Tatsache heranziehen, *nämlich die Aufteilung des homo habitualis in den „homo intraordinatus" und den „homo extraordinatus"*, eine Aufteilung, die E. Becker, ebenso wie die drei Veränderungsformen, zum ersten Mal gesichtet hat[20]. Daß der homo intraordinatus und der homo extraordinatus beide homines habituales sind, besagt, wie wir wissen, daß beide durch die Lebenshaltungsvorstellung gebunden sind. Sie können durch die gleiche Lebenshaltungsvorstellung *derselben* Gruppe oder durch eine divergierende Lebenshaltungsvorstellung einer *anderen* Gruppe gebunden sein. Dies Letztere ist z. B. bei dem „Fremden" der Fall, der zu einem anderen Volk oder zu einem anderen Stamm kommt und eine andersartige Lebensweise besitzt. Er

[18] E. *Becker:* a.a.O. S. 103.

[19] Th. *Veblen:* a.a.O. S. 198 ff.

[20] E. *Becker:* a.a.O. S. 96 ff.

ist für die Angehörigen der letzteren Gruppe — eben von der Sicht ihrer Gruppe aus — ein homo extraordinatus. Sie bringen, da er kein Gruppenzugehöriger ihrer Gruppe ist, für sein andersartiges Konsumgebaren höchstens Neugier oder Verwunderung auf. Sie üben aber niemals sozialen Zwang gegen ihn aus. Er besitzt — allerdings nur von ihnen aus gesehen! — also völlige konsumtive Freiheit, während er sie in Wirklichkeit garnicht hat. Sind der homo extraordinatus und der homo intraordinatus jedoch beide durch die Lebenshaltungsvorstellung *derselben* Gruppe gebunden, so unterscheiden sie sich doch in der Art und dadurch in dem Grade ihrer Bindung. *Der homo intraordinatus ist der Konsument, der sich innerhalb einer Gruppe befindet, die Trägerin einer Lebenshaltungsvorstellung ist, der also seinen realen Verbrauch nicht nur durch Nachahmung und Gewohnheit, sondern vor allem durch den sozialen Zwang, den die Gruppe auf den Gruppenangehörigen ausübt, der Gruppenvorstellung anpaßt.* Dagegen ist der *homo extraordinatus ein Verbraucher, der sich dauernd oder nur vorübergehend außerhalb der Gruppe befindet, die Trägerin einer Lebenshaltungsvorstellung ist, und der daher ihrem Einflusse, also ihrem Zwange nicht unterliegt.* Ist er kein Fremder, so fügt er sich im Gegensatz zum homo intraordinatus nur durch Nachahmung und Gewohnheit der gleichen Lebenshaltungsvorstellung wie die homines intraordinati. Nicht jedes Individuum, daß außerhalb einer Gruppe steht, ist ein homo extraordinatus, ebenso wie nicht jedes Individuum innerhalb einer Gruppe ein homo intraordinatus ist — sondern es muß sich dabei immer um eine Gruppe mit einer Lebenshaltungsvorstellung handeln! — Der homo extraordinatus steht einmal außerhalb seiner Gruppe, wenn er räumlich von ihr getrennt ist, wie z. B. der Vergnügungsreisende, der reisende Kaufmann, der in fremden Gebieten kämpfende Soldat u.s.w. oder er steht das andere Mal — bei räumlicher Nähe — außerhalb der Gruppe, wenn die Gruppe ihn nicht als zu sich gehörig betrachtet, wenn also die Trennung von der Gruppe bezw. das außerhalb derselben Stehen ein rein soziologisches Phänomen ist. Dies Letztere ist z. B. der Fall, wenn jemand aus seiner Gruppe heraussinkt oder aus seiner Gruppe aufsteigt. Da es nun ein *soziologisches Gesetz* ist, *daß die Individuen sich schneller aus ihrer alten Gruppe lösen, als sie in eine neue aufgenommen werden,* so leben sie eine Zeitlang sozusagen im sozialen Raum an einer *„gruppenlosen Raumstelle"*. Sie stehen also im Absinken oder im Aufsteigen eine Weile als homines extraordinati *zwischen* den Gruppen[21]. Auch M. Halbwachs kennt *„le vide social"* in dem der Einzelne sich befinden kann. Das Individuum gelangt nach ihm allerdings nur durch Herabsinken aus einer Gruppe dorthin, weil es für das Hineinwachsen in eine tiefer gelagerte Gruppe keine innere Bereitschaft habe.

[21] E. *Becker:* a.a.O. S. 98 u. 99.

„Se déclasser ... c'est passer d'un groupe qu'on connait, qui vous estime, dans un autre qu'on ignore et l'appréciation on n'a aucune raison de tenir. *On sent alors se creuser autour de soi un vide*[22]. Ceux qui vous entouraient autrefois, avec qui vous aviez tant d'idées communes, tant de préjugés en commun, dont tant d'affinités vous rapprochaient parce que vous vous retrouviez en eux comme eux en vous, s'éloignent soudain. Vous disparaissez de leurs préoccupations et de leur mémoire. Ceux, au milieu desquels vous vous retrouvez, ne comprennent ni votre dépaysement, ni votre nostalgie et vos regrets. Détaché d'un groupe pour un ébranlement soudain vous êtes incapables, ou, du moins vous vous croyez incapable de retrouver dans un autre quelque appui, ni rien, que remplace ce que vous avez perdu." Halbwachs weist allerdings auf die Beziehung des Individuums in der gruppenlosen Raumstelle nur zum Selbstmord, aber nicht, wie wir, zur Möglichkeit der Konsumtionsveränderung hin[23].

Es kann auch jemand, wie z. B. die Demi-monde, als homo extraordinatus dauernd außerhalb der Gruppe, welche Trägerin einer Lebenshaltungsvorstellung ist, stehen, weil die Gruppe sie niemals als zu sich gehörig betrachtet, d. h. *immer* ablehnt. Der „Fremde" ist gleichfalls immer ein homo extraordinatus in soziologischer Beziehung. So z. B. der Forschungsreisende, der auf einen primitiven Stamm trifft und eine Zeitlang mit ihm zusammenlebt. *Da alle diese homines extraordinati dem sozialen Zwang der Gruppe nicht unterliegen, so besitzen sie eine größere Freiheit in ihrem Verbrauch als die homines intraordinati.* Sie können daher, abgesehen von dem „Fremden", der eben als Fremder immer eine abweichende Lebensführung besitzt — wenn sie die Kraft haben, Nachahmung und Gewohnheit bei sich zu durchbrechen, ruckweise und spürbare Neuerungen im Verbrauch aufnehmen, wozu die homines intraordinati nicht in der Lage sind. Im Vergleich zum homo extraordinatus, der in soziologischer Hinsicht außerhalb der Gruppe steht, ist der räumlich von der Gruppe getrennte deshalb noch konsumtiv freier, weil er meist ohne Familie, d. h. haushaltlos ist. Der haushaltlose Konsument ist aber — wie wir wissen — schon innerhalb der Gruppe, d. h. als homo intraordinatus in seinem Verbrauch freier. Er ist also auch als homo extraordinatus in geringerem Maße an die Verbrauchsnormen der Gruppe gebunden. Von ihm werden also leichter Neuerungen aufgenommen werden als von der andern Spielart des homo extraordinatus. — Eine eigenartige Figur ist der Monarch, bzw. der Häuptling eines Stammes. Er ist ein homo intraordinatus, denn er gehört zur Gruppe. Er ist zugleich jedoch auch soziologisch stark von ihr getrennt. Er ist daher *zugleich* auch ein homo extraordinatus. Er

[22] Von uns im Druck hervorgehoben.

[23] M. *Halbwachs:* „Les causes du suicide", Paris 1930, S. 417.

„schillert" sozusagen. Er ist als homo extraordinatus nicht durch sozialen Zwang gebunden und hat als homo intraordinatus doch zugleich Einfluß auf die Gestaltung der Vorstellung und damit auf den realen Konsum der Gruppe. Je nach den Zeitumständen und seiner persönlichen Haltung kann mehr das eine oder das andere, mehr der homo intraordinatus oder mehr der homo extraordinatus bei ihm zum Ausdruck kommen. Infolgedessen ist durch ihn ebenfalls eine Einbruchsmöglichkeit für „offene" Neuerungen in die Lebenshaltungsvorstellung und damit in den realen Konsum der Gruppe vorhanden.

d) Der Begriff der Distance

Wir übernehmen nun den Wiese'schen *Begriff der „Distance"*[24], um das Verhältnis des homo extraordinatus zur Gruppe und dadurch den Grad seiner konsumtiven Freiheit näher zu kennzeichnen. Wir verstehen unter Distance die Nähe bzw. Ferne, die sich in den persönlichen Beziehungen eines Einzelnen zur Gruppe, die ja immer Beziehungen von Mensch zu Mensch im Wiese'schen Sinne sind, kund tut. Handelt es sich bei der Distance um gelöste oder gelockerte persönliche Beziehungen, die durch räumlichen Abstand des Einzelnen von der Gruppe hervorgerufen worden sind, so gilt zwar, daß das Individuum ein für alle Mal vom Zwang der Lebenshaltungsvorstellung frei ist, wie groß auch die räumliche Entfernung ist und wie lange sie dauert, da die Gruppe den räumlich von ihr Getrennten nicht mehr überwachen kann, doch wird sich der homo extraordinatus dieser Freiheit umso stärker bewußt, je größer der räumliche Abstand von der Gruppe ist und je länger die Trennung von der Gruppe dauert. *Denn nicht die objektiven Tatsachen an und für sich beeinflussen unser Handeln, sondern die Art und Weise ihrer Spiegelung im Seelischen.* Zudem verblaßt bei steigender Zeitdauer der räumlichen Trennung von der Gruppe auch die Verbundenheit durch Gewohnheit an die Lebenshaltungsvorstellung. — Ähnlich liegt es bei der rein soziologischen Distance. Von einer Gruppe, die Trägerin einer Lebenshaltungsvorstellung ist, nicht als gruppenzugehörig betrachtet zu werden, bedeutet *immer* konsumtive Freiheit, da in diesem Falle ebenfalls kein Gruppenzwang ausgeübt wird; doch wird sich der Einzelne dieser Freiheit mehr oder weniger bewußt, je nachdem welche Färbung das Gefühl der Nichtzugehörigkeit zur Gruppe bei der Gruppe hat und daher auch nach außen zum Ausdruck kommt. Es kann sich z. B. — um die entgegengesetzten Fälle hervorzuheben — bei dem Gefühl der Nichtzugehörigkeit zu einer Gruppe doch zugleich um bewundernde Anerkennung des Individuums und um dauernden Kontakt oder um schroffste Ablehnung in jeder Beziehung handeln. Ande-

[24] L. *v. Wiese:* „System der Allgemeinen Soziologie." München und Leipzig 1933. S. 53, 110, 122 ff. u. a.

rerseits: je geringer die rein soziologische Distance zur Gruppe ist, umso größer ist die Hoffnung des Individuums in die Gruppe aufgenommen zu werden, umso stärker paßt es sich dem Konsum der Gruppe an, um die Eingliederung durch nicht zu stark divergierende Lebensgewohnheiten nicht zu erschweren. Je länger die rein soziologische Distance dauert, umso hoffnungsloser wird jedoch die Aussicht auf Hereinwachsen in die Gruppe, umso größer wird also die konsumtive Freiheit des homo extraordinatus. Daher wird die Demi-monde zum homo extraordinatus mit der größten konsumtiven Freiheit, da sie in soziologisch größter und anhaltender Distance von der Gruppe lebt. Sie wird auf diese Weise zur Trägerin auffälligster Modeneuheiten. Wir stoßen daher hier auf *ein weiteres soziologisches Gesetz, nämlich daß die konsumtive Freiheit des homo extraordinatus umso größer wird, je größer seine Distance von der Gruppe ist und je länger die Distance von der Gruppe dauert.* Immer[25] handelt es sich jedoch bei diesen Konsumtionsveränderungen nur um *einzelne* „offene", d. h. ruckweise, sichtbare und nicht tarnbare Durchbrüche der konsumtiven Normen, denn jeder homo extraordinatus tendiert zur Gruppe hin und will sich den Kontakt mit ihr durch eine völlig veränderte Lebensweise nicht erschweren bzw. die Aufnahme in sie nicht unmöglich machen.

Wie gelangt die „offene" konsumtive Neuerung nun aber vom homo extraordinatus in den realen Konsum der Gruppe? Sie vermag — wie wir wissen — ihren Weg dahin nur über die Lebenshaltungsvorstellung der Gruppe zu nehmen. Die Neuerung kann z. B. als Geschenk[26] eines homo extraordinatus — z. B. eines auch räumlich von der Gruppe getrennten Fremden — an einen angesehenen homo intraordinatus kommen. Für ein erhaltenes Geschenk trägt der Einzelne aber keine Verantwortung — obwohl es in seinen Konsum eingeordnet werden kann. Da die konsumtive Norm einer Gruppe durch das Beispiel des von ihr in irgend einer Beziehung Angesehensten gestaltet wird, so folgt der reale Verbrauch der Gruppe dem Diktat der Vorstellung sofort nach. Oder: offen neuartige Konsumgüter werden als Tributleistungen[27] an einen anderen Stamm übertragen und kommen auf diese Weise in den Besitz des in der Gruppe Angesehensten. Hier gilt das Gleiche wie für das Geschenk. Auch für Tributleistungen tragen die Annehmenden der Gruppe gegenüber keine Verantwortung, und da die Empfangenden die Angesehensten sind, so gehen die übertragenen Güter in die Lebenshaltungsvorstellung und mit in den realen Verbrauch der Gruppe ein. *Während man bisher immer nur die ökonomische Bedeutung des Tauschphaenomens, daher der zweiseitigen Güterübertragung kannte,*

---

[25] Vgl. die später angeführte Ausnahme.

[26] E. *Becker:* a.a.O. S. 107.

[27] E. *Becker:* a.a.O. S. 107 ff.

zeigte sich hier auch die ökonomische Bedeutsamkeit einseitiger Güterübertragungen.

Aber nicht nur die offene Neuerung kann, von „Fremden“ übersandt, allein in die Gruppe gelangen. Der homo extraordinatus kann auch selbst *mit* dem neuartigen Konsumgut in die Gruppe wieder oder neu hineinwachsen, und, wenn es in die Schicht der Angesehensten ist[28], wird das „offen“ neuartige Verbrauchsgut — wie gesagt — über die Lebenshaltungsvorstellung auch in den realen Verbrauch der Gruppe übernommen. Das ist z. B. bei berühmten Seefahrern, Feldherren oder Kriegern der Fall, wenn sie nach langer Abwesenheit in die Heimat zurückkehren und nun, von ihrer Gruppe bewundert, in diese wieder hineinwachsen, sodaß sie beispielhaft wirkend die Lebenshaltungsvorstellung und dadurch den realen Konsum der homines intraordinati gestalten können. Aus diesen Gründen war es möglich, daß durch die Kreuzfahrer dem Abendland eine Fülle neuartiger Verbrauchsgegenstände überbracht werden konnte und diese letzteren sich dann auch in dem Verbrauch der breiten Massen durchsetzten. Oder: der homo extraordinatus wird zum homo intraordinatus, indem er — wie gesagt — *neu* in die Gruppe hineinwächst; und zwar ebenfalls an angesehener Stelle, sodaß er dadurch konsumtiv bahnbrechend wirken kann. Daher auch die ökonomisch bedeutsame Rolle der Neugeadelten im 17. und 18. Jahrhundert, die auf den realen Verbrauch ihrer Zeit — ihn verändernd — den größten Einfluß bekamen[29]. Auch für die Gestalt der Maitresse im Frühkapitalismus und ihrer ökonomischen Funktion erschließt uns die amerikanisch-deutsche, eigenständige Konsumtheorie erst das volle Verständnis. Die Maitresse stammt nach W. Sombart aus anderen Schichten, sie ist nicht ebenbürtig, und wird — das unterscheidet sie ja von der Demimonde, die sozial mißachtet *immer* außerhalb der Gruppe steht — dann zur angesehensten Frau des Hofes, angesehener selbst als die legitime Frau des Fürsten[30]. Weil sie aus anderen Schichten stammte, konnte sie ebenfalls revolutionierend auf den damals vom Mittelalter her in bestimmter Weise gebundenen Verbrauch wirken, während die legitime Frau des Fürsten, welche immer ein homo intraordinatus ist, durch die Lebenshaltungsvorstellung ihrer Gruppe immer gebunden bleibt. Daß der Adel — nach W. Sombart — damals vielfach verarmte, um der Maitresse nachzueifern, läßt den Zwang und die Macht der Lebenshaltungsvorstellung erkennen. Auf diese Weise erklärt sich, worüber Friedrich der Große spöttelte, nämlich daß auch jeder völlig greisenhafte Fürst in damaliger Zeit eine Mai-

---

[28] E. *Becker:* a.a.O. S. 102 ff.

[29] W. *Sombart:* „Luxus und Kapitalismus.“ München und Leipzig 1913. S. 96.

[30] W. *Sombart:* a.a.O. S. 64.

tresse hatte. Er mußte sie haben, weil jeder Staat, der sich wirtschaftlich entfalten wollte, dazu auch eine vergrößerte Konsumtion seiner Untertanen brauchte. Zu diesem Zweck benötigte er die Maitresse als bestfunktionierendes Werkzeug. Nur die Maitresse konnte — im Gegensatz zu den übrigen homines extraordinati — die *gesamte* Lebensführung der Gruppe ändern, da sie — neben dem Monarchen an erster Stelle stehend! — nicht um den Kontakt der Gruppe zu werben brauchte. *So vertiefen sich durch die sich über die Grenznutzenschule bauende, sie ergänzende, eigenständige Konsumtheorie die wirtschaftsgeschichtlichen Forschungen W. Sombarts.* Die Demi-monde dagegen bleibt — wie dargelegt — *immer* ein homo extraordinatus. Ihr Konsumtionsgebaren wird daher auch niemals als offene Veränderung von der Gruppe übernommen. Sie hat keinerlei Möglichkeit, auf den genannten Wegen die Lebenshaltungsvorstellung der Gruppe zu beeinflussen. „Die offene Veränderung bleibt hier auf der Vorstufe stecken. Sie wechselt daher hier die Form und kann nur auf dem Wege des Wachsens oder der Tarnung in die Lebenshaltungsvorstellung der Gruppe eindringen.“[31] Die ökonomische Funktion der Demi-monde für die Verbrauchsveränderung der Gruppe liegt jedoch darin, daß sie durch ihre Extravaganzen das Gefühl für die Stärke der Veränderung bei den homines intraordinati abstumpft. Die Formwandlung scheint daher nicht mehr so stark zu sein, so daß starke Veränderungen nun den Gruppenangehörigen geringfügiger vorkommen, als sie es in Wirklichkeit sind und sie jetzt als infinitesimale Veränderungen (pars pro toto!) in die Lebenshaltungsvorstellung und zugleich in den realen Verbrauch der Gruppe eindringen können, obwohl sie ursprünglich garnicht infinitesimal waren.

So zeigt die Geschichte die interessantesten Beispiele für den Einfluß des homo extraordinatus auf den realen Konsum der Gruppe. Kann er zuerst auch, solange die Gruppen in einem Stamm oder in einer Volkswirtschaft streng voneinander geschieden sind, nur als räumlich von der Gruppe Getrennter oder als „Fremder“ auftreten, so nimmt er bei freier Beweglichkeit und schneller Bewegungsmöglichkeit, sowie bei fehlender Abgeschlossenheit der Gruppen gegeneinander, auch in seinen anderen Spielarten stark zu[32]. Er tritt — je mehr wir uns der Gegenwart nähern — in allen seinen Formen immer zahlreicher auf. Und da sich in modernen Zeiten über die Volkswirtschaft eine Ansehensschichtung nach Geld lagert, so kann ein homo extraordinatus, der zum homo intraordinatus wird, leicht in die Ansehensschicht gelangen. Daher setzen sich in der Gegenwart auch in jagendem Tempo „offene“ Wandlungen des Konsums durch. Zudem verschiebt sich bei der Gruppe durch

[31] E. *Becker:* a.a.O. S. 114.

[32] E. *Becker:* a.a.O. S. 118.

dies jagende Tempo der offenen Veränderungen das Gefühl für die Stärke einer Veränderung. Die homines intraordinati stumpfen in immer stärkerem Maße gegen Wandlungen ihres Verbrauchs ab, sodaß viele Konsumtionsveränderungen, die einer anderen Zeit als ruckweise Veränderung erschienen wären, heute nur als infinitesimaler Wandel empfunden werden[33]. „Immer aber bleibt hinter diesem sichtbar gesteigerten Tempo des Wechsels in der Konsumtion — darüber darf der jagende Wechsel nicht hinwegtäuschen, wenn er es auch völlig verschleiert — die unsichtbare Lebenshaltungsvorstellung der Gruppe *mit ihrer Tendenz zu starrer Beharrung**, ihrem sozialen Zwang und ihrer Macht über die Konsumenten jetzt wie zu allen Zeiten in gleicher Weise bestehen.“[34]

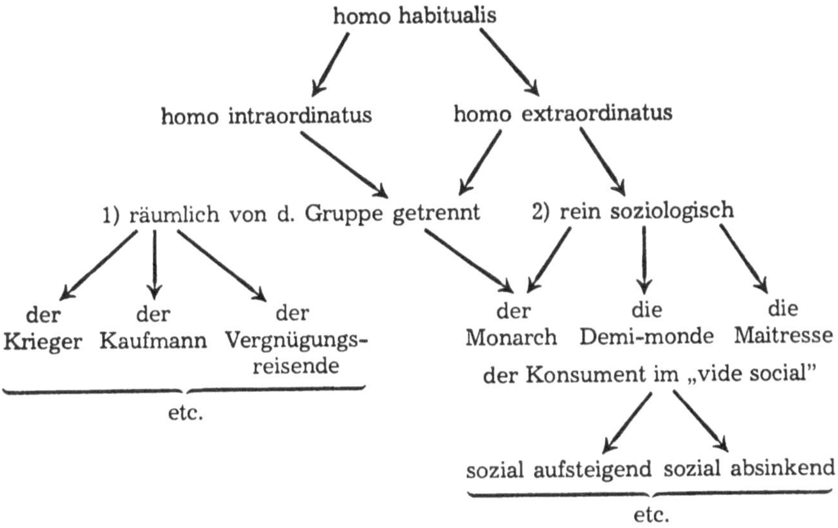

Der homo extraordinatus ist logisch, volkswirtschaftlich und soziologisch bedeutsam. Logisch, denn er umfaßt als Gattungsbegriff Erscheinungsarten von außerordentlicher Verschiedenheit, selbst zu gleicher Zeit und in der gleichen Volkswirtschaft. Der Alltag würde an diesen Erscheinungen wie z. B. dem Monarchen, der Demi-monde, dem Kreuzfahrer etc. niemals auch nur irgend etwas Gemeinsames entdecken. Sie zeigen ohne Weiteres keine Übereinstimmungen! Aber das ist ja — auch nach J. St. Mill[35] — gerade das Spezifische der wertvollsten, wissen-

[33] E. *Becker:* a.a.O. S. 65.

* Von uns im Druck hervorgehoben.

[34] E. *Becker:* a.a.O. S. 121.

[35] J. St. *Mill: „Aber zu versteckten Übereinstimmungen vorzudringen* ... (in dieser Arbeit im Druck hervorgehoben) ist oft eines der schwierigsten Probleme der Wissenschaft. Aber gleichwie zu den schwierigsten gehört es allzeit auch zu den wichtigsten Problemen ... so ist es geschehen, daß einige der tiefsinnigsten und wertvollsten Untersuchungen über die Definition eines

schaftlichen Begriffsbildung, daß sie hinter den an der Oberfläche liegenden Eigenschaften der Erscheinungen die „versteckten Übereinstimmungen“, d. h. das tiefer Gelagerte, dem Alltag nicht spürbare Generelle erfaßt. Sie ist wertvollste Begriffsbildung, weil sie dadurch über die Erfüllung der üblichen, durch die Logik an die Begriffsbildung gestellten Forderungen hinausgeht und einen bisher unbekannten, weil „versteckten“ Faktor als causa in das Geflecht gesetzmäßer Relationen einführt.

e) Die Verbrauchsveränderung

Der homo extraordinatus ist weiter *volkswirtschaftlich* bedeutsam, denn er dient dem Ausbau der bisher — trotz der Grenznutzenschule — stark vernachlässigten Theorie des Konsums. Er erweist ihr den Dienst, den — nach Schumpeter[36] — der dynamische Produzent der Theorie der Produktion leistet, nämlich das Zustandekommen ruckweiser Veränderungen zu erklären. Hier wie dort sind es zwei *Denkfiguren,* die zur Lösung des gleichen Problems in den zwei verschiedenen Sphären führen — eine Tatsache, die sich innerhalb der eigenständigen Konsumtheorie *ergab,* die also kein methodisches princeps nach dem Vorbilde methodischen Vorgehens in der Theorie der Produktion war. Zudem ist es ja auch dort ein charakterlich von den Übrigen verschiedener Wirtschafter — hier ein in soziologischer Hinsicht von den Gruppenangehörigen divergierendes Individuum, das die ruckweise Veränderung aufzunehmen beginnt. Ferner setzt sich die Veränderung dann auch in beiden Fällen auf verschiedene Weise weiter durch. In der Produktionssphäre mit Hilfe des Strebens möglichst hohe Geldgewinne durch die Neuerung zu erjagen. In der Konsumtionssphäre aber mit Hilfe des Zwanges der Lebenshaltungsvorstellung, auf die die sozial Angesehensten Einfluß haben. Durch den *homo extraordinatus wird ferner in der Volkswirtschaftslehre das Schwergewicht von den Gütern fort stärker als bisher auf den Menschen verlagert.* Der homo extraordinatus setzt hier eine in der Gegenwart begonnene, methodische Entwicklung fort, indem er in die Reihe der theoretischen Denkfiguren neben den homo oeconomicus, den Angestellten[37], den statischen und — wie gesagt — dynamischen Produzenten, neben den Bauern und die Bäuerin[38], sowie neben den homo habitualis (als seine Untergliederung!) tritt. Er durchbricht auf diese Weise die zu große Abstractheit theore-

Namens von ihren Urhebern eingeführt und in der Welt aufgetreten sind.“ System der deduktiven und induktiven Logik übersetzt von Gomperz. 1884. S. 177.

[36] J. *Schumpeter:* a.a.O. passim.

[37] E. *Lederer:* „Der Privatangestellte in der modernen Wirtschaftsentwicklung.“ Tübingen 1912.

[38] Ch. *v. Reichenau:* „Die Bäuerin. Ein methodischer Versuch.“ Jahrb. für Nationalökonomie und Statistik. 1941. Bd. 153.

tischen Denkens innerhalb der Volkswirtschaftslehre, welche die Lösung vieler Fragen verhinderte. Zwar wird alles theoretische Denken mit dem Bestreben geboren von der Verschiedenheit der Phaenomene zu abstrahieren; aber während die Naturwissenschaft von speziellen Typen und Gesetzen zu immer größeren Vereinheitlichungen emporsteigt — die Planetenbewegungen als Spezialfälle der mechanischen Gesetze, die Gesetze der Zahl als Spezialfälle der Mengenlehre etc. — begann die Theorie in der Volkswirtschaftslehre sogleich mit den großen Verallgemeinerungen und muß nun in mühsamer Arbeit den umgekehrten Weg gehen, um sich auch wirklichkeitsnähere Denkebenen zu erschließen. Wir taten dies mit Hilfe angewandter Soziologie, denn nur von ihr aus läßt sich der homo extraordinatus verstehen.

Dieser ist schließlich aber auch für die *reine Soziologie* bedeutsam. Er beweist nicht nur wiederum das bekannte soziologische Gesetz, daß das Individuum in der Gruppe anders handelt als der Vereinzelte, sondern seine Darlegung führte auch zu dem Begriff der „gruppenlosen Raumstelle“ — dem „vide social“ — und zu den zwei weiteren, oben angegebenen soziologischen Gesetzen. Da der homo extraordinatus nicht ein Individuum außerhalb der Gruppe schlechthin ist, sondern nur ein Einzelner außerhalb einer Gruppe, die sich als Trägerin einer Lebenshaltungsvorstellung darstellt, da die Lebenshaltungsvorstellung nun aber unter dem Begriff *„Kollektivbewußtsein“* der reinen Soziologie fällt, so bedeutet der homo extraordinatus — und darin liegt seine hauptsächlichste Bedeutung! — eine weitere Annäherung zur Erfassung des Kollektivbewußtseins. Wir lösen ihn nun — entsprechend muß es mit dem homo intraordinatus geschehen — von der Beziehung zur Konsumtion und definieren ihn für die reine Soziologie als *Individuum, das sich dauernd oder nur vorübergehend außerhalb einer Gruppe befindet, die Trägerin eines Kollektivbewußtseins ist, und das daher ihrem Einfluß, also ihrem Zwang nicht unterliegt.* Unter „Kollektivbewußtsein“ meinen wir allerdings nicht ein mystisches, nach Analogie mit dem Einzelbewußtsein, neben bzw. über dem Einzelbewußtsein stehendes eigenes Bewußtsein der Gruppe, das es nicht gibt, auch nicht das Wissen der Gruppenangehörigen um die Gruppe oder das durchschnittlich Gemeinsame der Indikatoren einer Gruppe etc.[39], *sondern wir verstehen mit* Durkheim, Duprat, Bouglé etc., d. h. dem Durkheimkreis, *darunter die Normen, die dem Einzelnen zur Realisierung von der Gruppe gegeben und vorgelebt werden und deren Einhaltung nötigenfalls mit Hilfe sozialen Zwanges durchgesetzt wird.* Dabei ziehen wir allerdings einen scharfen Strich zwischen den Normen, hinter denen eine sie „erlassende“ bzw. sie „festlegende“ rechtliche Autorität steht, die zugleich Instanzen mit der Vollziehung von Strafen bei Nichterfüllung der erlassenen Bestim-

[39] Vgl. z. B. G. Lehmann: „Das Kollektivbewußtsein.“ Berlin 1928.

mungen beauftragt und dem Kollektivbewußtsein in unserem Sinne mit seinem sozialen Zwang. Die Normen des Kollektivbewußtseins in unserem Sinne werden nicht „erlassen" oder „festgelegt", sondern sie bilden sich spontan mit den sie tragenden Gruppen. Bei diesen wird der soziale Zwang zudem immer von der ganzen Gruppe ausgeübt, d. h. von jedem homo intraordinatus, wie es die Gelegenheit gibt. Die Normen des Kollektivbewußtseins sind keine „Gesetze" im Sinne von Rechtstatbeständen, doch verändern sie sich nach Gesetzen im Sinne von Naturgesetzen, wie Durkheim dies darlegte, die eigenständige Konsumtheorie es für den Verbrauch nachzuweisen versuchte und es hier wiedergegeben wurde. Das jeweilige Verhältnis erlassener Gesetze und Bestimmungen zu den Normen des Kollektivbewußtseins kann sehr verschieden sein und soll in dieser Arbeit nicht weiter untersucht werden. Für uns gilt hier nur, daß Beides nicht identifiziert werden darf, sondern scharf geschieden werden muß[40].

Dabei zeigen unsere Ausführungen aufs Neue, wie das Einzelbewußtsein in zwei Sphären zerfällt, von denen die eine rein individuell, die andere jedoch durch Gruppen mit Kollektivbewußtsein bestimmt wird und die daher jeweils von anderen Gesetzen beherrscht werden. Der Einzelne, in Bezug auf seine Bewußtseinserscheinungen nur als Einzelner gesehen, ist ja bekanntlich eine Abstraction. — Die Starrheit der Kollektivvorstellung, von der hier ausgegangenen wurde, zeigt ferner u. a., daß die materialistische Geschichtsauffassung nicht tief genug geschürft hat, wenn sie die schwere Veränderbarkeit der Kulturformen — trotz verändertem wirtschaftlichem Unterbau — immer darin begründet sieht, daß bestimmte Schichten jeweils an der Aufrechterhaltung derselben interessiert sind. Die Interessiertheit von Schichten an spezifischen Kulturformen, weil diese ihnen wirtschaftlich oder sozial Vorteil gewähren, kann hinzukommen, muß es aber nicht. Werden Kulturformen von einem Kollektivbewußtsein getragen, so sind sie — *da jedes Kollektivbewußtsein mit sozialem Zwang verknüpft ist, also seinem Wesen nach starr ist* — ebenfalls starr. Durkheim, der das Wesen der Gruppe, und zwar *jeder Gruppe*, vor allem darin sieht, Trägerin von Normen zu sein, betont die Starrheit des Kollektivbewußtseins immer wieder. Er hält eine Beeinflussung des Kollektivbewußtseins, in dem sich die Geschichte von Jahrhunderten niederschlage, durch Einzelne für völlig *unmöglich*. „Les états collectifs, grace à l'adhésion à peu près unanime et généralement séculaire, dont ils sont objet, sont beaucoup trop résistants pourqu'une innovation privée puisse en venir au

---

[40] Daß hier etwas völlig Verschiedenes vorliegt, zeigt sich z. B. darin, daß der soziale Zwang, der auf Nichterfüllung der Normen des Kollektivbewußtseins folgt, dasselbe starr macht, während die Strafen, die auf Vergehen gegen eine rechtliche Bestimmung hin eintreten für die Veränderbarkeit der Letzteren belanglos sind.

bout. Comment un individu, qui n'est rien de plus qu'un individu pourrait avoir la force suffisante pour façonner la société son image?“[41] Durkheim kennt nur einen ganz allmählichen Wandel des Kollektivbewußtseins, hervorgerufen durch eine Veränderung der es tragenden Gruppe in Größe, Struktur, sowie Dichtigkeit und Intensität der Beziehungen zwischen den Gruppenangehörigen. Dabei bezieht sich der Wandel des Kollektivbewußtseins bei Durkheim auf die Ausdehnung des Bereichs, den das Kollektivbewußtsein beherrscht, auf Klarheit bzw. Verschwommenheit, größere oder geringere Konkretheit der Normen, auf seine Zielsetzung und die Stärke des sozialen Zwanges, der zu seinen Gunsten von der Gruppe ausgeübt wird[42]. Wir dagegen gingen von gegebener Größe und Struktur der Gruppe, sowie von gegebener Dichtigkeit und Intensität der Beziehungen zwischen den Gruppenangehörigen, also von gleichem sozialen Zwang, unveränderter Konkretheit und Klarheit der Normen etc. aus und frugen nur nach der Möglichkeit des Eindringens *einzelner* neuartiger Normen von gleicher Konkretheit und Klarheit in das Kollektivbewußtsein. Abgesehen von infinitesimalen und „getarnten“ Veränderungen — sind diese aber bei allen Arten des Kollektivbewußtseins möglich? — *ist der homo extraordinatus, so geringfügig er als einzelnes Individuum neben den altehrwürdigen Gruppen, die Trägerinnen von Kollektivbewußtsein sind, auch erscheinen mag, doch das winzige Samenkorn, das den festgefügten Bau des Kollektivbewußtseins unter bestimmten Bedingungen an einer Stelle zu sprengen vermag.* Die hier gemachten Ausführungen ergänzen also die Durkheimschen Gedankengänge, denen v. Wiese bereits mit Recht den Vorwurf machte, daß sie nur die Gruppe sähen und dem Einzelnen zu wenig gerecht würden.

Schluß: Die wissenschaftliche Bedeutung des homo extraordinatus

Das Kollektivbewußtsein in seinen verschiedenen Arten in Beziehung auf den „homo extraordinatus“ und in den besonderen Formen, die er auf anderen Gebieten annimmt, zu untersuchen ist nun die weitere Aufgabe der speziellen Soziologien. Die Geschichte kennt im Fremdenrecht früherer Zeiten bereits den „Fremden“, den die machtvolle Gruppe, obwohl er nur ein Einzelner ist — wie wir nun wissen: mit Recht! — als Zerstörer ihrer Normen fürchtet. — Bei der Logik fällt z. B. die ungeheure Starrheit durch die Jahrhunderte hindurch sofort auf. Man braucht diese Starrheit daher hier nicht durch einen methodisch-gedanklichen Schnitt, wie es bei der Lebenshaltungsvorstellung nötig war, aus dem empirischen Wandel herauszulösen. Infolge dieser

---

[41] E. *Durkheim:* „Le suicide.“ S. 136.

[42] E. *Durkheim:* „De la division du travail social.“ Paris 1926.

deutlichen Starrheit galt das uns geläufige logische Denken, das ja auf einer bestimmten Verarbeitung der Wirklichkeit ruht, auch fälschlicher Weise lange Zeit als dem Menschen angeboren. Wir *könnten* die Wirklichkeit aber auch anders verarbeiten und dann nach anderen logischen Gesetzen denken. Über die Einhaltung unserer Denkgesetze wacht jedoch die Gruppe. Es gibt also auch ein logisches Kollektivbewußtsein. Warum fehlen hier die Möglichkeiten der Veränderung? Warum konnte es z. B. hier bisher keinen Anstoß dazu durch homines extraordinati geben? Vermochte sich hier bisher ein andersartiges logisches Denken, wie das Denken primitiver Völker, nur zugleich mit dem Leben einer anderen Gruppe zu entfalten? Und warum?

Erst aus solcher Zusammenarbeit der speziellen Soziologien kann die reine Soziologie in Bezug auf das Kollektivbewußtsein Bereicherung erfahren. Dieses ist — ebenso wie der homo extraordinatus in der reinen Soziologie — ein Gattungsbegriff, dessen species sich allgemeiner Beobachtung entziehen und die daher auf den verschiedenen Gebieten, in deren Bereich sie liegen, bearbeitet werden müssen. Daher sind Erörterungen über das „Kollektivbewußtsein schlechthin" in der reinen Soziologie verfrüht, solange man sich nicht ihres für die reine Soziologie hypothetischen Charakters bewußt ist. Es braucht das auf dem einen Gebiet Aufgewiesene noch nicht das für die reine Soziologie in Frage kommende Generelle zu sein. So braucht zum Beispiel die Eigenschaft der Lebenshaltungsvorstellung ein *strukturierter* Komplex von Normen zu sein, nicht für *„das"* Kollektivbewußtsein schlechthin zuzutreffen. *Der Beitrag, den die amerikanisch-deutsche, sogenannte eigenständige Konsumtheorie in ihrem weiteren Ausbau der reinen Soziologie in Bezug auf die Lehre vom Kollektivbewußtsein (im Sinne Durkheims) zu geben vermag, ist — vielleicht — das Bedeutsamste an ihr!* So widersprechen z. B. die von der eigenständigen Konsumtheorie gesichteten Tatsachen in der Verbrauchsphäre dem von Durkheim für das Kollektivbewußtsein schlechthin, d. h. ganz generell aufgestellten „Gesetz des Schwindens"[43] im Sinne eines allmählichen, durch Jahrhunderte erfolgenden schwächer Werdens und schließlichen völligen Auslöschens des Kollektivbewußtseins. Es gibt heute allerdings weniger Gruppen mit spezifischen Lebenshaltungsvorstellungen als z. B. im Mittelalter, denn die Lebenshaltungsvorstellungen haben die Tendenz sich einander anzugleichen; sie werden im Verlaufe der Geschichte andersartiger; mögen vielfach auch abstrakter und blasser werden — doch nicht in allem! — und lassen dem Individuum heute mehr freien Spielraum als früher. Während jedoch z. B. das religiöse Kollektivbewußtsein ganz geschwunden ist — es bleiben die religiösen Normen, doch nun ohne sozialen

[43] E. *Durkheim:* „De la division du travail social."

Zwang, denn wir sind in der religiösen Sphäre in unserer Entscheidung heute völlig frei, — zeigen die Lebenshaltungsvorstellungen, ebenso wie das logische Kollektivbewußtsein, keine Tendenz zum Verlöschen.

5. Soziale Umschichtung und Verbrauch*

Der Verbrauch — wir haben hier nur den sogenannten „letzten“ Verbrauch im Blickpunkt, d. h. nicht den Verbrauch der Produktionen — ist nicht, wie der Alltag meint, einfach nur eine Resultante der Einkommenshöhe. Er ist zwar in Bezug auf das stoffliche Konsummaterial, d. h. in Bezug auf das „schlechter“ oder „besser“, von der Einkommenshöhe abhängig; in seiner Zusammensetzung wird er dagegen jedoch weitgehend von der sozialen Schicht bestimmt, in die der Einzelne eingebettet ist. Menschen sehr verschiedener Einkommenshöhe können daher einen gleichartig zusammengesetzten und Menschen gleicher Einkommenshöhe einen sehr verschiedenartig zusammengesetzten Verbrauch haben. Infolgedessen führt uns eine tiefergehende Analyse des letzten Verbrauchs, die sich nicht nur mit konsumierten Mengen befaßt, immer zuerst zu einer Analyse der „sozialen Schicht“ und der mit ihr zusammenhängenden Begriffe. In all unseren Begriffen verweben sich nun — wie wir sehen werden — subjektive und objektive Gegebenheiten in starkem Maße. Diese aufzudecken und sauber zu trennen — bei der sozialen Schicht und dem Verbrauch — ist deshalb wichtig, weil wir uns darüber klar werden müssen, daß es nicht die objektiven Phänomene allein sind, die unser Dasein bestimmen, sondern ebenso die Beleuchtungen, die wir den Dingen geben, d. h. die Bewußtseinsinhalte, die sich an sie knüpfen. Oberstes Ziel der Wissenschaft ist nicht allein die Auffindung von Gesetzen, sondern die Sauberkeit der Methode, mit der wir solche Trennungen durchführen.

Die soziale Schicht

Menschliches Zusamenleben ist niemals „einschichtig“. Menschliches Zusammenleben geht mindestens in zwei, meist aber in mehreren Schichten[1] vor sich, d. h. in größeren Gruppen, die auf Grund irgendwelcher spezifischer Gleichartigkeiten ihrer Gruppenangehörigen — also Gleichartigkeiten, die sie von anderen Menschengruppen unterscheiden — ein Zusammengehörigkeitsgefühl besitzen und auf Grund dieser nur ihnen zukommenden Gemeinsamkeiten auch von ihrer Umgebung als im sozialen Leben zusammengehörig empfunden werden.

---

* *Quelle:* Wirtschaftsdienst, Hamburg, 30. Jahrgang (1950), 2. Heft.

[1] Vgl. zu den Begriffen „Schicht“ und „Umschichtung“ auch die Verhandlungen des deutschen Soziologenkongresses zu Frankfurt/M. 1946.

Dieses Bewußtsein einer Zusammengehörigkeit, das die Angehörigen einer sozialen Schicht besitzen und das ein subjektives Merkmal darstellt, ist es, das die soziale Schicht von einer statistischen Zusammenfassung in irgendeiner Beziehung gleicher Menschen unterscheidet, bei denen dies Zusammengehörigkeitsgefühl, das sich erst aus zwischenmenschlichen Beziehungen ergibt, nicht vorhanden zu sein braucht. So bietet z. B. die Einkommenspyramide an sich noch kein Bild sozialer Schichten, sondern ist nur eine Darstellung rein statistischer Ergebnisse, weil die Bezieher gleich hoher Einkommen sehr verschiedenen Schichten angehören können, keinerlei zwischenmenschliche Beziehungen zu pflegen und dadurch keinerlei Zusammengehörigkeitsgefühl zu haben brauchen. Bestimmte Einkommen schaffen also keine soziale Schichten. So bilden z. B. die „Armen“ keine soziale Schicht, da Armut sehr verschiedene Ursachen haben kann und deshalb bei den von Armut Betroffenen kein Gefühl gleichartiger Schicksalsverbundenheit schafft. Arme sind nur „Vereinzelte“, auch wenn sie noch so zahlreich auftreten. Erst wenn Menschen, die das Bewußtsein gleicher Schicksalsverbundenheit haben, auch in bestimmte Einkommensklassen fallen, kann die Einkommenspyramide auch zugleich eine Darstellung sozialer Schichten sein. So ist die Arbeiterschaft z. B., deren Einkommensbezüge ja in bestimmten Grenzen statistisch angebbar sind, eine soziale Schicht, da der Marxismus u. a. ihnen das Spezifische ihrer gemeinsamen Lage zum Bewußtsein brachte und somit ein Zusammengehörigkeitsgefühl schuf. Die Angabe dieser Einkommensbezüge ist also zugleich der Hinweis auf die diese Einkommen beziehende soziale Schicht. Ferner: weil bestimmte Altersgruppen sich nicht als Einheit empfinden, ist die Aufgliederung einer Bevölkerung in Altersgruppen für uns heute keine Aufdeckung sozialer Schichten, sondern eine bloße statistische Erfassung. Dagegen stellen Altersgruppen bei Primitiven tatsächlich soziale Schichten dar. Das gleiche gilt für die Aufgliederung einer Bevölkerung in Männer und Frauen. Auch hier kann es sich nur um statistische Zusammenfassungen biologischer Differenzen — hier der Geschlechtsunterschied einer Bevölkerung — oder zugleich um die Erfassung zweier sozialer Schichten handeln. Biologische Unterschiede schaffen ebensowenig wie Einkommensunterschiede etc. an und für sich soziale Schichten. Soziale Schichten sind Kulturphänomene, ruhend — um es nochmals zu wiederholen — auf dem Bewußtsein von Gemeinsamkeiten, die diese Menschen verbinden und sie zugleich von anderen unterscheiden. Diese einer größeren Gruppe von Menschen gemeinsamen Tatbestände, die in das Bewußtsein gehoben das Zusammengehörigkeitsgefühl schaffen, das eine soziale Schicht konstituiert, sind nicht nur objektive Phänomene, wie biologische Differenzierungen, Berufe, Glaubens- und andere derartige Schicksalsgemeinsamkeiten. Es können auch subjektive Gegebenheiten sein. Und zwar handelt es sich um subjektive Gegebenheiten, wenn eine Gruppe von Menschen durch ihre Umgebung mit einer bestimmten Bewertung verhaftet wird, wie z. B. die Schicht der Parias in Indien. Was wir hier gedanklich trennen — objektive und subjektive Schicksalsgemeinschaften — fließt in der Wirklichkeit jedoch immer ineinander. Stets sind es objektive und subjektive Tatbestände zugleich, die einer größeren Gruppe von Individuen das Bewußtsein der Zusammengehörigkeit geben, d. h. sie aus einer bloßen Summe von in irgendwelchen Beziehungen gleichen Menschen zu einer „sozialen Schicht" machen.

Schichtung und Sozialgefüge

Soziale Schichten können in einer Gesellschaft nebeneinander oder übereinander gelagert sein, d. h. ihre „Schichtung" oder die Struktur des Sozialgefüges kann horizontal oder vertikal verlaufen. Wir sagten eingangs, daß menschliches Zusammenleben mindestens in zwei, meistens aber in mehreren Schichten verläuft. In Wirklichkeit ist das Sozialgefüge immer sehr schichtenreich. Das ist nun aber das zweite subjektive Moment, das sich uns bei der Analyse sozialer Schichten zeigt, daß in einer bestimmten Zeit — wenn wir eine Momentaufnahme des in dieser Zeit jeweils gegebenen Sozialgefüges machen — sich uns immer nur einige Schichten als das Sozialgefüge repräsentierend herausheben. Von den übrigen daneben noch vorhandenen Schichten abstrahieren wir, als wären sie nicht vorhanden. Meist ist uns diese Abstrahierung gar nicht bewußt. Und zwar ist das Auswahlprinzip die Bedeutung, die wir den sozialen Schichten beimessen und die ihrerseits teils von ihrer Größe, ihrem politischen Einfluß, ihrer Nützlichkeit usw. abhängt oder die durch eine besonders grelle Kampfsituation zwischen den Schichten manifestiert wird. Anknüpfend an das letztere sehen wir sofort, warum Karl Marx die Struktur des Sozialgefüges sich nur aus zwei Schichten aufbauend sah. Und wir sehen zugleich sofort, daß er irrte, wenn er meinte, daß es durch Aufhebung des Klassenkampfes in ein einschichtiges Sozialgefüge verwandelt werden könnte. Einmal ist das Sozialgefüge, von dem man spricht, stets eine Abstraktion, und dann bildet die Geschichte auch immer wieder neue soziale Schichten, denn die Geschichte steht niemals still.

Wichtig ist ferner noch der Raum, auf den wir ein Sozialgefüge beziehen. Das Sozialgefüge der Welt — vgl. W. Sombart — ist noch immer von einer großen bäuerlichen Schicht getragen. Das Sozialgefüge der hochindustrialisierten Gebiete sieht dagegen völlig anders aus. Immer ist bei „Schichtung" anzugeben, worauf wir sie geographisch beziehen. Wir beziehen das Sozialgefüge, das wir in dieser Abhandlung untersuchen, nur auf unseren kleinen westdeutschen Raum.

Umschichtung

Es gibt starre Schichtungen, d. h. Sozialgefüge, die sich nicht wandeln, sondern gleich bleiben. Und es gibt Sozialgefüge, die sich verändern. Verändert sich eine soziale Schichtung, dann sprechen wir von einer „Umschichtung" des Sozialgefüges, die wir gewissermaßen jetzt durch den Vergleich zweier Momentaufnahmen festhalten. So ist das Sozialgefüge des Mittelalters, das man als aus Geistlichkeit, Adel, Bürger und Bauern bestehend kennzeichnete, von dem Sozialgefüge der neuzeitlichen Industriestaaten abgelöst worden, das man aus Unternehmern, Kapitalisten, Arbeitern und Angestellten zusammengesetzt sieht. Eine Umschichtung kann sich also dadurch vollziehen, daß sich neue soziale Schichten bilden oder alte zurücktreten und absterben oder daß sich in das bestehende Gefüge eine neue Schicht aus einem anderen Sozialgefüge einschiebt. In diesen Fällen handelt es sich um qualitative Umschichtungen. Ferner kann eine Umschichtung auch durch quantitative Verschiebung der sozialen Gruppen zustande kommen. Eine Schicht kann wachsen, eine andere abnehmen, d. h. das Verhältnis der relativen Größen der Schichten verändert sich. Und drittens kann sich das Ordnungsgefüge der — wie wir jetzt annehmen wollen — qualitativ und quantitativ gleichen sozialen Schichten ändern. Eine Schicht kann aufsteigen oder auch absinken. Bei diesem Platzwechsel im Sozialgefüge handelt es sich um objektiv feststellbare Tatsachen. Oder es handelt sich bei dieser Art der Umschichtung, d. h. der Wandlung des Ordnungsgefüges bestehender Schichten, um eine Veränderung von Bewertungen, die die Schichten treffen, also ebenfalls wieder um einen subjektiven Tatbestand. Auch hier kann es sich, wenn wir in Bezug auf die Wirklichkeit von „Umschichtung" sprechen um eine Verflechtung aller dieser Formen von Umschichtungen zugleich handeln: um qualitative und quantitative Umschichtung, um objektive Ordnungsumschichtung und um eine Wertumschichtung. Selten wird eine Form allein auftreten. Doch wäre es denkbar — so paradox es auch klingen mag — daß z. B. bei völlig starrer objektiver Struktur, daher bei äußerlich unverändertem Sozialgefüge, doch eine Umschichtung, und zwar eine subjektive, d. h. durch einen Wechsel der Weltanschauung bedingte Wertungsumschichtung des Sozialgefüges erfolgen kann. Diese Mischung von objektiven und subjektiven Momenten macht jede Analyse von Tatbeständen, die mit sozialen Schichten zusammenhängen, so interessant — aber auch so schwierig.

Umschichtungsprozeß

Neben „Schicht", „Schichtung" und „Umschichtung" müssen wir als letztes noch die „Umschichtungsprozesse" unterscheiden. Erfassen wir

„Schichtung“ und „Umschichtung“ gewissenmaßen mit Momentaufnahmen, so ist der Umschichtungsprozeß ein in der Zeit verlaufender Vorgang. Hier stoßen wir auf sich durch Jahrhunderte hinziehende Trends oder auf kürzer anhaltende, oft nur wenige Jahre oder wenige Monate andauernde Umschichtungsprozesse. Um zwei in Bezug auf die Zeitspannen kontrastierende Umschichtungsprozesse zu nennen: ein ganz kurz andauernder qualitativer Umschichtungsprozeß war die Besetzung Deutschlands, bei der die Besatzungsbehörden sich als oberste soziale Schicht über das einheimische Sozialgefüge lagerten. Andererseits ist der Wechsel in der Bewertung körperlicher und geistiger Arbeit ein Wertungsumschichtungsprozeß, der sich durch Jahrhunderte hinzieht. Zwischen jener Zeit, in der Plato sagte, daß die Philosophen Könige sein sollten, und in der die körperliche Arbeit überwiegend von Sklaven geleistet wurde, und dem beginnenden Christentum, das jede Art Arbeit gleich achtete, bis zur Gegenwart, in der sich eine deutliche Höherbewertung praktisch-körperlicher Arbeit gegenüber geistiger Arbeit zeigt, liegen gewaltige Zeitspannen. Langandauernde und kurzanhaltende Umschichtungsprozesse, in welcher Form auch immer, verschlingen sich und bringen Überlagerungen mit sich. Handelt es sich um Umschichtungsprozesse gleicher Form, so können Trends durch kurzanhaltende Prozesse vorübergehend verstärkt oder auch völlig unsichtbar gemacht werden. Jede Form der Umschichtung — qualitative, quantitative, objektive Ordnungsumschichtung und Wertungsumschichtung — kann durch Trends oder durch kürzer währende Prozesse zustande kommen. Immerhin besteht doch eine Relation zwischen den Umschichtungen schlechthin und den Umschichtungsprozessen. Langandauernde Umschichtungsprozesse haben die Tendenz, auch lang anhaltende Umschichtungen hervorzurufen, d. h. sie führen zu einem dann relativ festen Sozialgefüge, weil sich durch langsam vollziehende Umschichtungen die Empirie ihnen unmerklich anpassen kann, während plötzlich eintretende und kurz anhaltende Umschichtungsprozesse Umschichtungen hervorrufen, die zu Widerständen und Reibungen führen. Das neue Sozialgefüge hat dadurch in diesem letzteren Falle die Tendenz, labiler zu sein.

Das gegenwärtige Sozialgefüge

Unser Sozialgefüge — um es nochmals zu wiederholen, wir beziehen den Begriff „Sozialgefüge“ auf die westdeutsche Zone —, das das mittelalterliche Sozialgefüge ablöste, d. h. das Sozialgefüge, das sich den Zeitgenossen der zunehmenden Industrialisierung aus der Vielschichtigkeit durch seine Bedeutung und durch die modernen sozialen Kampfsituationen heraushob und das sich in die sozialen Schichten: Unternehmer, Kapitalisten, Arbeiter und Angestellte für sie ordnete, unterliegt vielfachen, und zwar verschieden langandauernden Umschichtungsprozessen. Nachdem sich das Sozialgefüge einmal durch eine qualitative Umschichtung konstituiert hatte, waren diese weiteren Umschichtungsprozesse teils quantitative Umschichtungen, teils Wertumschichtungen. So entvölkerte sich das Land allmählich immer mehr zugunsten städtischer Arbeiter und Angestellten, so nahmen die Selbständigen im Gewerbe gegenüber den Unselbständigen stetig weiter ab, so wurde die körperliche Arbeit gegenüber der geistigen allmählich anders bewertet etc.

Diese sich langsam durchsetzenden Umschichtungsprozesse und die sich aus ihnen ergebenden quantitativen Umschichtungen und Wertumschichtungen des Sozialgefüges werden nun durch plötzlich einsetzende, relativ kurzfristige Umschichtungsprozesse überdeckt, die die bisherigen Umschichtungen teils festigen, teils unsichtbar machen bzw. in ihr Gegenteil verändern und die vor allem in qualitativen Umschichtungen bestehen. Es sind dies die Kriegsfolgen[2]. Einmal lagern sich die Angehörigen der Besatzungsmächte nun als oberste soziale Schicht über unser Sozialgefüge, das andere Mal wird das Gefüge der Westzonen durch einen Strom von ca. 7½ Mill. Flüchtlingen unterwandert, der sich vor allem aus alten Männern, Frauen und Kindern zusammensetzt und auf das Land eingewiesen wird. Zu ihnen kommen die aus den Städten Evakuierten, so daß die Landgebiete, da es in den Städten an Wohn- und Arbeitsgelegenheit mangelt, teils bis zu 50 % aufgeschwemmt wurden. Die Entvölkerung des Landes hat also aufgehört und sich in ihr Gegenteil verkehrt. Es bildete sich zudem eine qualitativ neuartige Schicht sogenannter „Depossedierter"[3]. Diese Gruppe, besonders diejenige der Flüchtlinge, aber auch die durch Entnazifizierung aus ihrem spezifisch sozialen Raum Ausgestoßenen, formen sich durch das Bewußtsein der Schicksalsgemeinschaft, das ihnen innewohnt, zu einer sozialen Schicht. Neben diesen qualitativen Umschichtungen — das Hervortreten einer neuen Ober- und einer neuen Unterschicht — mittels kurz dauernder Umschichtungsprozesse, die große Reibungen hervorrufen müssen, ist — wie nach dem ersten Weltkrieg — ein starkes Absinken des sogenannten Mittelstandes infolge Kapitalverlust durch Währungsabwertung, Lastenausgleich etc. zu bemerken. Zwischen die Ober- und Unterschicht und unter die kleine Schicht von Besitzenden schiebt sich daher heute eine große Schicht von nur „Diensttuenden"[4] als Folge einer objektiven Ordnungsumschichtung, denn jede frühere von uns beachtete und noch vorhandene Differenzierung der Diensttuenden verblaßt für

[2] „Reparationen, Sozialprodukt und Lebensstandard", Denkschrift, Bremen, 1948, Bd. I, II III, IV.

[3] Vgl. zum folgenden *L. Neundörfer*, „Unser Schicksal", Frankfurt/M., 1947.

[4] L. *Neundörfer* a.a.O. S. 92 ff.

uns an Bedeutung ebenso wie alle noch sonst vorhandenen Schichtungen. Unser gegenwärtiges Sozialgefüge zeigt also für uns heute folgenden Schichtung: Besatzungsmacht als Oberschicht, eine kleine Schicht Besitzender, eine breite Schicht „Diensttuender" und eine große Schicht „Depossedierter", wobei wir uns, wie oben dargelegt, des auch subjektiven Momentes im Begriff „Sozialgefüge" sehr wohl bewußt sind. Versuchen wir nun die Auswirkungen dieser qualitativen Umschichtungen auf den Verbrauch darzulegen.

Sozialgefüge und Verbrauchsanalyse

Der Konsum wurde nach dem ersten Weltkriege, nach dem ebenfalls Erschütterungen des Sozialgefüges eintraten, untersucht und wird es auch heute. Es gibt bekanntlich zwei Wege, um Aufschlüsse über den Konsum einer Zeit zu erhalten: erstens, Verbrauchsberechnungen, bei denen der Gesamtverbrauch einer Bevölkerung durch die Bevölkerungszahl bzw. durch die Zahl der sogenannten Vollpersonen dividiert wird, deren Ergebnisse jedoch mehr summarischer Natur sind, und zweitens Verbrauchsberechnungen, bei denen mindestens ein Jahr lang Wirtschaftsbücher geführt werden, in die ständige Ausgaben und Einnahmen eingetragen werden und die Einblicke in die sozialen Differenzierungen des Verbrauchs gestatten. Wir wollen keinen der beiden Wege einschlagen, sondern die Auswirkungen unseres gegenwärtigen Sozialgefüges auf den Verbrauch mit Hilfe der amerikanisch-deutschen sogenannten „eigenständigen Konsumtheorie"[5] analysieren. Diese Theorie, die wir schon mehrmals an anderen Stellen darlegten, nennt sich „eigenständig", weil sie den Konsum nicht im Dienste der Lehre von der Produktion und nicht mit den gleichen methodischen Mitteln wie diese untersucht — obwohl sie auch auf die Gleichgewichtsidee zurückgreift —, sondern sie baut auf Wirtschaftssoziologie und Soziopsychologie auf. Zur Grenznutzenschule, deren Gesetze jetzt nur als „Tendenzen" aufgewiesen werden, steht sie in keinem Gegensatz, sondern überbaut dieselbe. Sie ist wirklichkeitsnäher als diese, und während bisher bei der Analyse des Verbrauchs ein unerklärlicher Restbestand bestehen blieb, den man einfach als rational nicht erfaßbare Launenhaftigkeit des Konsumenten kennzeichnete, kann dieser jetzt vollständig in seinem Wollen und Handeln durchleuchtet werden. Diese „eigenständige Konsumtheorie" schlägt eine Bresche in die oft kritisierte Güter-

[5] Vgl. u.. a. Th. *Veblen*, „The theory of leisure class", New York 1899. — H. Kyrk, „A theory of consumption in our society", New York, 1938. — Ch. *v. Reichenau*, „Konsum und volkswirtschaftliche Theorie", siehe oben. — E. *Becker*, „Die Konsumveränderung. Die Durchsetzung von Neuerungen in der Lebenshaltungsvorstellung der sozialen Gruppe", Frankfurter Dissertation 1945.

haftigkeit der bisherigen Volkswirtschaftslehre, weil sie neben den Gütern in der Empirie, d. h. den realen Lebenshaltungen, die wir mit der oben genannten statistischen Methode erfassen können, Vorstellungen von Lebenshaltungen berücksichtigt, die die Verbraucher haben und an denen sie ihr Handeln und ihre Ansprüche in Bezug auf die reale Lebenshaltung ausrichten. Die eigenständige Konsumtheorie hat es also nicht nur mit *einer*, und zwar der empirischen Sphäre, sondern mit zwei, der empirischen *und* der psychischen zu tun. Diese Vorstellung von einer den Menschen zukommenden Lebenshaltung wird zwar vom Bewußtsein der einzelnen Menschen getragen, doch ist sie eine Angelegenheit sozialer Schichten (bzw. Gruppen), denn nur als Angehörige von sozialen Schichten (bzw. Gruppen) haben die Einzelnen das Gefühl, daß ihnen das Recht auf eine bestimmte reale Lebenshaltung zusteht.

Eine bestimmte reale Lebenshaltung ist ein Erkennungszeichen für eine bestimmte soziale Schicht und damit ein Schlüssel zur Hilfsbereitschaft und zum seelisch-geistigen Kontakt. Sie erspart zudem dem Einzelnen Zeit und Risiko des Aussortierens. Man übernimmt sie als Erbe. In diesen Lebenshaltungsvorstellungen schlagen sich Jahrhunderte, ja oft Jahrtausende mit ihren Erfahrungen nieder. Für die Aufrechterhaltung der normalen Lebenshaltung im Gleichgewicht und in Gleichartigkeit mit der einer sozialen Schicht als zukommend empfundenen Lebenshaltungsvorstellung bringt der Einzelne die größten Opfer: Einschränkung der Kinderzahl, Ehelosigkeit oder verspätete Eheschließung, Mehrarbeit usw. Wo die reale Lebenshaltung hinter dem Moment der Lebenshaltungsvorstellung in Bezug auf Gleichgewicht und Gleichartigkeit zurückbleibt, existiert ein latenter Kaufwille von einer ungeheuren Kraft bei den Einzelnen und der gesamten sozialen Schicht. Die soziale Schicht selbst wacht über die Einhaltung der von der Vorstellung gegebenen Normen und zwingt den Einzelnen dazu, sie zu realisieren! Wer von den Normen abweicht, ist lästig, wird verspottet, boykottiert und schließlich sogar aus der Schicht ausgestoßen. Er entbehrt dadurch des seelisch-geistigen Kontakts und der Hilfsbereitschaft seiner sozialen Schicht. Nur wer von seiner Gruppe eine Zeitlang oder ganz getrennt ist, also ihrem Zwang nicht untersteht — er ist nun ein homo extraordinatus[6] — ist in seinem Konsum frei, denn eine andere soziale Gruppe nimmt ihn nicht sogleich auf. Es sind die Haushaltsbücher, d. h. die Konsumerhebungen der Statistik, die uns die Tatsache von differenzierten Lebenshaltungen sozialer Schichten bestätigen, d. h. die oben dargelegte Theorie verifizieren. So zeigt es sich, daß im bisherigen Sozialgefüge die Arbeiterschaft den größten Teil ihres Einkommens für Ernährung ausgab, sie trug betont Joppenkleidung und keine Steh-

[6] Ch. *v. Reichenau*, „Der homo extraordinatus“, Festschrift für Prof. Leopold v. Wiese, siehe oben.

kragen. Der Angestellte dagegen legte den größten Wert auf seine Kleidung, um vom Arbeiter abzustechen, und im Gegensatz zu beiden sozialen Schichten wohnte der Unternehmer über seinem Stand, kleidete sich gemäß seinem Stand und ernährte sich unter seinem Stand. So haben Städter, Landbewohner, Adel usw. ganz spezifische Lebensgewohnheiten, an denen sie eisern festhalten. Denn durch den Zwang, den die Lebenshaltungsvorstellungen ausüben, haben diese letzteren die Tendenz starr zu sein, es sei denn, es handele sich um geringfügige Wandlungen oder um Neuerungen, die die an angesehenen Stellen in eine Schicht wieder eingewanderten oder zurückgekehrten homines extraordinati mitbringen. Diese Neuerungen gehen — wegen des Ansehens ihrer Bahnbrecher — in die Lebenshaltungsvorstellung ein und setzen sich innerhalb kurzer Zeit in der ganzen Schicht durch. Dabei handelt es sich also um einzelne Neuerungen. Wenn jedoch die gesamte Schicht, gezwungen durch allgemeine Notlage, in ihrer realen Lebenslage lange Zeit von der Vorstellung der Lebenshaltung ihrer Schicht abweichen muß, wenn sie sie trotz Anstrengungen nicht mehr erreichen kann, dann senkt die Vorstellung nach und nach ihre Forderungen — der latente Kaufwille verliert an Kraft — und sie füllt sich, statt mit Bildern aus der Vergangenheit wie bisher, ganz allmählich nur noch mit Bildern aus der Gegenwart. Die Menschen fangen an zu vergessen, und schließlich stirbt die alte Generation, in der das frühere Vorstellungsbild lebendig war, ab. Damit es zur Kongruenz zwischen Lebenshaltungsvorstellung und eingeengter realer Lebenshaltung durch eine Senkung der Vorstellung kommt, ist also der Lebenszeitraum einer Generation erforderlich. Während also die soziale Schicht Einzelne verstößt, wenn ihre Wertungshandlungen dem Diktat der Konsumnormen entgegenlaufen, ist sie einer zwangsweise geminderten Lebenslage der gesamten Schicht gegenüber machtlos, wenn diese lange anhält. Eine Schicht kann in Bezug auf eine unabänderliche reale Lebenslage nur Einzelne zwingen, nicht alle Gruppenangehörigen. Hier muß sie sich mit ihrer Vorstellung der realen Lebenslage anpassen. Und schließlich: da die Lebenshaltungsvorstellung einer sozialen Schicht ein Erbe ist, so ist es klar, daß sich neubildende Schichten noch keine fest umrissene Vorstellung und keinerlei spezifische Normen des Verbrauchs besitzen.

Auswirkung der Umschichtung auf den Verbrauch

Wie wirken soziale Umschichtungen sich nun auf den Verbrauch aus? Wir hatten vier Formen sozialer Umschichtung gefunden: qualitative Umschichtung, quantitative Umschichtung, objektive Ordnungsumschichtung und Wertungsumschichtung. Und wir müssen ferner nach unseren Darlegungen über den Verbrauch — ähnlich wie die klassische Nationalökonomie es tat — „auf kurze Zeit" und „auf lange Zeit" unterscheiden. „Auf kurze Zeit“ hin behalten sowohl Einzelne wie ganze Schichten ihre früheren Lebenshaltungsvorstellungen bei, und das bedeutet bei verknappter realer Lebenshaltung in einem anders Geschichtetsein des Sozialgefüges einen ungeheuer latenten Kaufwillen. Auf „lange Zeit“ hin passen sie sich mit ihren Lebenshaltungsvorstellungen jedoch der realen Lage an. Beginnen wir kurz zuerst mit der qualitativen Umschichtung. Schiebt sich aus einem anderen Sozialgefüge eine fest zusammenhängende Gruppe ein, so ist das Ergebnis ohne weiteres klar, der Verbrauch wird um neue spezifische Formen bereichert. Ist die Schicht eine Oberschicht, so gehen — wie es z. B. heute bei der Art der Amerikaner sich zu kleiden der Fall ist — Einflüsse auf den Verbrauch anderer Schichten aus. Bildet sich im Sozialgefüge dagegen eine neue Schicht, so wird diese „auf lange Zeit“ hin gesehen, dahin tendieren, sich eine spezifische Form des Verbrauchs auszubilden. Solange besitzt die Schicht als solche noch keine Lebenshaltungsvorstellungen, und der Einzelne behält solange seine früheren Verbrauchsformen bei. Handelt es sich jedoch um eine neue Unterschicht, deren reale Lebenslage stark zusammengepreßt ist, so entsteht aus der Divergenz mit der realen Lebenslage jene schon skizzierte Situation: es existiert eine neue soziale Schicht mit großer Unzufriedenheit und einem ungeheuren latenten Kaufwillen. Anders bei quantitativen Umschichtungen. Sie tendieren — bei gleichbleibender Bevölkerung, d. h. rebus sic stantibus —, da einer Schichtverringerung auf der einen Seite eine Schichtverbreiterung auf einer anderen Seite entspricht, auf lange Zeit gesehen immer dahin, den Verbrauch zu nivellieren. Das Gleiche gilt auch für eine objektive Ordnungsumschichtung. Der Wechsel in der objektiven Platzordnung des Sozialgefüges hat die gleichen nivellierenden Wirkungen. Die aufsteigende Schicht nimmt allmählich die Lebensformen der „Oberen“ an, die absinkende läßt die ihren nicht völlig fallen, so daß sich auch hier eine Nivellierung des Verbrauchs ergibt. Eine Wertungsumschichtung hat ohne Zweifel einen Einfluß auf den Kampf um die Höhe der Einkommen; doch die Höhe des Einkommens wirkt sich auf ein „besser“ oder „schlechter“ der gekauften Güter und nicht auf die Gestaltung des Verrbauchs aus.

Sehen wir von der uns heute überlagernden Besatzungsschicht ab, so haben wir in allen Schichten eine ungeheure Verproletarisierung. Die Familien sind meist auf ein Zimmer zusammengedrängt, und das Essen nimmt den größten Teil der Ausgaben ein. Die Reserven an Konsumgütern, wie z. B. bessere Kleidung, sind vollständig aufgebraucht. Es ist nun die Frage, wie weit die Lebenshaltungsvorstellungen der Schichten sich der verengten realen Lebenslage bereits angenähert haben oder ob die Bevölkerung einen starken, noch latenten Konsumwillen besitzt. Ohne Zweifel haben die Lebenshaltungsvorstellungen sich bereits gesenkt, und doch können wir besonders bei den Depossedierten täglich bemerken, daß sie nicht ganz vergessen haben, wie sie lebten, und daß daher die oft gehörte Mahnung, sich mit der gegenwärtigen Lage abzufinden, nicht aufgenommen wird. Das Gleiche gilt für alle anderen Schichten. Es existiert ein latenter Konsumbedarf, der, wenn etwas Kaufkraft da ist, wie eine aufgestaute Dampfkraft den Sparwillen vollständig beiseite drängt. Infolgedessen sind die „Soforthilfe" und der „Lastenausgleich", der in Konsumenteneinkommen umgewandelte Produzentengelder darstellt, nur zu Konsumentenausgaben und damit zu einer Verbrauchskonjunktur geworden, obwohl die Wirtschaft Investitionskapitalien so dringend benötigt, um ihre Anlagen zu rationalisieren und Arbeitslose einzugliedern. Wir können also noch lange Zeit hinaus mit Sicherheit mit mangelnder Sparkapitalbildung rechnen, und zwar solange, bis die Lebenshaltungsvorstellungen sich soweit gesenkt haben, daß sie mit der realen Lebenshaltung der Schichten wieder in Kongruenz sind. Diese neue Lebenshaltung wird sich allerdings durch verspätete Eheschließungen und geringe Kinderzahl etwas heben. Um unseren technisch rückständigen Produktionsapparat zu rationalisieren und um die Arbeitslosen einzugliedern, werden wir also auf Auslandskredite und Kreditschöpfung angewiesen sein. Das dadurch eingetretene Zwangssparen mittels Preiserhöhungen wird dann das Gleichgewicht zwischen Konsumtion und Produktion wiederherstellen. Allerdings führt ein lang anhaltendes Absinken von Schichten, wie wir oben darlegten, als quantitative Umschichtung zu einer Nivellierung des Verbrauchs und damit auch zur Möglichkeit einer breiteren Massenproduktion mit sinkenden Produktionskosten. Auf längere Zeit hin gesehen wird die durch Auslandskredite und Kreditschöpfung hervorgerufene Preissteigerung also Gegentendenzen begegnen.

Wir wissen zudem, daß die Starrheit der Lebenshaltungsvorstellungen den Absatz neuartiger Güter in der Volkswirtschaft außerordentlich erschwert und daß es nur möglich ist, relativ kleine Änderungen der Verbrauchsgüter ohne große Schwierigkeiten und ohne große Reklamekosten auf den Markt zur Abnahme zu bringen, es sei denn, daß die Neuerungen sich mit Hilfe angesehener Konsumenten, früher homines extraordinati, durchsetzen, weil die angesehenen Konsumenten durch ihren Verbrauch einen Einfluß auf die Änderung der Lebenshaltungsvorstellungen haben, nachdem sie selbst vorher als homines extraordinati eine größere Freiheit in der Konsumgesaltung hatten. Die Flüchtlinge sind heute die unterste Schicht unseres Sozialgefüges, und zwar eine *neue* Schicht, die noch keine einheitliche Lebenshaltungsvorstellung besitzt. Sie verlangt in ihrer Armut nur nach dem Lebensnotwendigsten. Die Flüchtlinge besitzen also keinen sozialen Zwang in Bezug auf ihren Verbrauch. Steigen diese Flüchtlinge nun in andere Schichten auf, so bringen sie aus den Verhältnissen der untersten Schicht, d. h. ihrer früheren letzten Schicht, eine gewisse Verbrauchsfreiheit mit. Sie sind eine zeitlang in ihrem Konsum und ihrer großen Armut ohne Gruppenzwang gewesen und werden daher, auch wenn sie in eine neue Schicht hineingewachsen sind, noch lange aufnahmebereit für Neuerungen im Verbrauch bleiben. Finden sie ihren Platz in angesehenen Stellungen, so geht ihr Verbrauchshandeln als Norm in die Lebenshaltungsvorstellung und damit automatisch in den realen Verbrauch ihrer neuen Gruppe ein.

6. Haushaltsrechnungen und Haushaltsführung*

1. Formen der Haushaltsführung

Unter den Haushaltsformen ist der *„Familienhaushalt"* die bedeutsamste Form. Einmal, weil er die größte Zahl der Haushaltungen umfaßt, dann aber auch, weil er die wirtschaftliche Grundlage des biologisch-soziologischen Gebildes „Familie" ist. Ist die Familie auch heute kein politischer Faktor mehr, so ist sie doch immer noch die Gemeinschaft, welche der jungen Generation Schutz, Pflege und Entfaltungsmöglichkeiten ihrer Persönlichkeiten bietet und die zugleich — hier in den weiten gesellschaftlichen Raum vorstoßend — Quelle ganz spezifischer, z. B. vom Berufsethos verschiedener Ethik ist. Trägt der Haushalt die Familie, so wirkt aber auch die Familie, die täglich in ihrem Gefüge und in ihrem Bedarf teils ruckweise, teils infinitesimal etwas anderes ist, auf den Haushalt ein. Haushalt und Familie stehen daher in engster Wechselbeziehung, wobei auf den Haushalt Tatsachen der Wirtschaft, auf die Familie Tatsachen der Gesellschaft Einfluß haben. So kann zum Beispiel die letztere die zentripetalen oder zentrifugalen Kräfte verstärken, unter denen die Familienmitglieder stehen. So dienen andererseits die Ausgaben des Haushalts nicht nur der Befriedigung wirtschaftlicher Bedürfnisse, sondern sind — da die Familien sich in Gruppen einfügen, die Gruppen sich zudem gegen andere abzuheben tendieren — vielfach zugleich symbolisch für die Stelle, an der die Familie sich in das soziale Ganze einreiht. Solche Gruppen sind z. B. Erwerbszweige, regionale Gruppen, Gruppen bestimmter Einkommensbezieher usw. Dabei fügt sich die Familie *als Ganzes* immer zugleich zwei oder sogar mehreren Gruppen ein. Andererseits können aber auch die einzelnen Familienangehörigen verschiedenen sozialen Schichten angehören. Beide Fälle müssen voneinander unterschieden werden, da sie in bezug auf den Haushaltsablauf andere Konsequenzen haben.

Von der Wissenschaft wurde der Haushalt als Stätte „bloßen Güterverzehrs", das heißt als ein rein technisches Gebiet, vernachlässigt. Nur die Statistik hat ihn frühzeitig entdeckt (W. *Petty*, Gr. *King*, J. *Massie* etc.), um durch seine Analyse Erkenntnisse über die Lage sozialer

---

* *Quelle:* Handwörterbuch der Sozialwissenschaften, 5. Band 1956, S. 70—74. Der Titel dieses Artikels ist hier leicht verändert worden. Im Handwörterbuch hieß er „Haushaltsrechnungen (1) Haushaltsführung", dem ein anderer Artikel" (2) Rechnung und Budget" aus fremder Feder entsprach. (Hrsg.)

Schichten zu erhalten. Zuerst suchte man mittels Schätzungen oder Befragungen, dann mittels Einsicht in Haushaltsbücher d. h. „Wirtschaftsrechnungen" („Haushalts"- oder „Privatstatistik"; E. *Ducpétiaux*, E. *Engel*, F. *LePlay*, G. *Schnapper-Arndt*, M. *Halbwachs*, G. *Albrecht*, C. C. *Zimmerman*, W. *Ogburn* etc.) und schließlich auch mittels Pearson'scher Korrelationsmethode Einblick in die Struktur der Einnahmen und Ausgaben repräsentativer Familien zu erhalten, denn soziale Schichten haben jeweils, trotz der Mannigfaltigkeit der Lebensführungen ihrer Angehörigen, doch *typische Haushaltungen*, um welche die übrigen in mehr oder minder großer Streuung liegen. Neben anderen Zielen — z. B. der Erforschung der Einwirkungen bestimmter Steuern, Zölle, Preiserhöhungen auf den Haushalt, der Erfassung empirischer Nachfragekurven, der Gewinnung von Wichtigkeitsziffern zur Berechnung von Kleinhandelsindexzahlen, der Erkenntnis von Verbrauchsverschiebungen etc. — dient die Haushaltsstatistik vor allem sozialen Zwecken, so der Messung der Lebenshaltung sozialer Schichten an ernährungsphysiologischen, sozialpolitischen und ethischen Mindestforderungen. Unter anderem dient sie z. B. zur Erklärung des Mentalitätsgrades bestimmter Schichten oder zur Aufstellung von Haushaltsbugetnormen.

2. Familieneinkommen und -ausgaben

a) *Familieneinkommen:* Während die Wirtschaftstheorie das Familieneinkommen vernachlässigte, weil sie gemäß der Sicht der klassischen Nationalökonomie immer nur von *einzelnen* Wirtschaftern ausging, ist dasselbe, als Summe der Einkommen der Familienangehörigen, ein Hauptbegriff der *Haushaltsstatistik* geworden. Das Familieneinkommen als besonderer Tatbestand gewinnt Bedeutung durch den Umstand, daß der Haupterwerb des Familienvaters mit den wachsenden Ausgaben der Familie nicht Schritt hält. Je geringer der eigentliche Verdienst des Familienoberhauptes im Vergleich zu den Ausgaben der Familie ist, um so mehr wird *zusätzliches* Einkommen gesucht. Die zusätzlichen Einnahmen haben für den Haushalt daher eine große Bedeutung. Erst ihre Berücksichtigung ergibt ein richtiges Bild der Tatsachen. So ist z. B. die Differenz zwischen den Familieneinkommen des *gelernten* und des *ungelernten* Arbeiters geringer als die Differenz zwischen ihren Lohneinkommen. Das Familieneinkommen ist nach den Haushaltsbüchern nun einerseits bei den verschiedenen sozialen Schichten sehr verschieden variabel. So haben die ärmsten Schichten zwar starken Willen zum Nebenverdienst, aus Mangel an Ausbildung jedoch relativ wenig und nur gering bezahlte Verdienstmöglichkeiten. Bezieher steigender Einkommen haben dagegen in steigendem Maße die Möglichkeit stärkeren und höher bezahlten Zuverdienens. Bei den Wohlhabenden sinkt der Wille zum Nebenverdienst wieder, da hier die Hauptbezüge des Familienvaters für den Unterhalt ausreichen, doch treten bei den reichen Familien dann feste Zinsbezüge zum Haupterwerb. Die Variabilität des Familieneinkommens bewegt sich in bezug auf die Einkommensstufen also in einer *Kurve.* Andererseits zeigen die Wirtschaftsrechnungen genau, wie das Familieneinkommen bei einem eine bestimmte soziale Schicht repräsentierenden Haushalt zu verschiedenen Zeiten durch die sich verändernde Familie ein sich ebenfalls veränderndes Ausmaß hat. Sind die Kinder noch klein, so gibt es nur *einen* Verdiener in der Familie, bei ihrem Älterwerden tritt die Arbeit der Ehefrau, später diejenige der erwachsenen Kinder hinzu. Die Zunahme dieser zusätzlichen Einnahmen geht dabei in stärkerer Progression vor sich als die Steigerung des Hauptverdienstes. Während sich z. B. beim Arbeiter das Maximum seines Hauptverdienstes durchschnittlich in seinem 30. Jahre findet, hat das Familieneinkommen sein Maximum erst in sehr viel späterer Zeit. Mit dem Selbständigwerden der Kinder und dem Altern der Familiengründer sinkt das *Gesamteinkommen* ab (B. S. *Rowntree*). Es verläuft also auch hier in einer Kurve, doch steigt diese auf dem Land, wo die Kinder schon frühzeitig helfen und die Möglichkeit des Zupachtens oder intensiverer Bewirtschaftung vorhanden ist (A. *Tschajanoff*), so viel schneller und sinkt später dagegen langsamer ab, da die Alten noch lange mitarbeiten. Je nach den Erwerbszweigen, je nach der Höhe der Haupteinkommensbezüge — bei den wohlhabenden Schichten ist die Frau nicht mehr erwerbstätig — und je nach der Familiengröße verläuft diese Kurve daher *verschieden gekrümmt.*

Vom Familieneinkommen muß das *Haushaltseinkommen* unterschieden werden, d. h. dasjenige, was die Angehörigen gemäß Sitte und Gewohnheit und nach ihrer mehr oder weniger individualistischen Einstellung an den Haushalt abgeben. Besonders stark divergieren Familien- und Haushaltseinkommen, wenn in einer Gesellschaft wie der heutigen die Schichten gegeneinander nicht abgeschlossen sind, so daß Abwandern aus der elterlichen und Aufnahme in eine andere möglich ist. Da die sozialen Schichten verschiedene Lebensführungen besitzen, so strebt der Familienangehörige, dadurch der häuslichen Lebensführung entwachsen, nun nach eigener Einkommensverwendung, um den Verbrauchsansprüchen seiner spezifischen Schicht zu genügen.

b) *Familienausgaben:* Ebensowenig wie die Einnahmen sind die Ausgaben der Familie konstante Größen. Die letzteren schwanken in den Haushaltsbüchern immer und überall von Monat zu Monat und von Jahr zu Jahr, teils weil die Familie sich wandelt und daher ihr Bedarf sich verändert, teils weil von außen jahreszeitliche Einflüsse, Wechsel des Angebotes und Preisveränderungen auf den Haushalt einwirken. Die *Ausgabengliederung,* in der sich neuerdings eine Weiterentwicklung anbahnt, bestand seit Entstehen der Haushaltsstatistik in den Rubriken „Ernährung", „Wohnung", „Kleidung" und „Sonstiges". Dabei ist in bezug auf Vergleichungen der Forschungsergebnisse zu beachten, daß in diese Rubriken nicht immer dasselbe eingereiht wird. So kann z. B. die Ausgabe für „Wohnung" nur die Miete oder auch Kosten für Inneneinrichtung sowie Licht und Heizung enthalten, Instandhaltung und Reinigen der Garderobe kann sowohl unter „Kleidung" wie unter „Sonstiges" gebucht sein, Durch diese verschiedene Einreihung detaillierter Ausgaben ergeben sich leicht voneinander abweichende Aussagen über den strukturellen Aufbau der Gesamtausgaben bei im übrigen gleichen Gegebenheiten. Andererseits entstanden kontrastierende Ergebnisse der Haushaltsstatistik auch durch zu schnelle Verallgemeinerung von Resultaten, die aus ganz spezifischen Beobachtungsfeldern gewonnen wurden. Die Weiterentwicklung der Haushaltsstatistik hat hier darin bestanden, diese Ergebnisse in anderen Beobachtungsfeldern — anderen Ländern oder anderen sozialen Schichten — nachzuprüfen und evtl. einzuschränken. Andererseits hat sich im Laufe der Zeit aber auch die Wirklichkeit gewandelt, die sich in den Haushaltsbüchern niederschlägt.

In bezug auf *Ernährung* zeigen die Wirtschaftsrechnungen global, daß keine soziale Gruppe weniger als 25 % und keine mehr als 75 % ihrer Einnahmen für Nahrung verwendet. Unter normalen Bedingungen werden in der Welt durchschnittlich 35—65 % für Ernährung ausgegeben; in Europa und Nordamerika durchschnittlich 30—45 %, in Asien 55—75 %. E. *Engel* — und nach ihm C. *Gini* und G. *del Vecchio* — glaubten in den Haushaltsbüchern das „Naturgesetz" zu finden, daß mit steigendem Einkommen die Ausgaben für Nahrung zwar absolut steigen, prozentual jedoch sinken. Das Verhältnis der Ernährungsausgaben zu den Einnahmen wurde dadurch zum *Wohlstandsindex* erklärt. Auf Grund breiterer Haushaltsforschungen kam man neuerdings jedoch zur Aufstellung von vier Haushaltstypen und zu folgenden *Regelmäßigkeiten*. Erstens: „Haushalte auf der Hungerebene" (starvation) geben fast ihr gesamtes Einkommen für Ernährung aus. Sie zeigen zugleich stets starke Demoralisationserscheinungen. Zweitens: „arme Haushalte", die global ungefähr 50 % der Haushalte umfassen, haben mit steigendem Einkommen absolut und relativ steigende Nahrungsausgaben („pre-Engel-type"). Drittens: die „auskömmlichen Haushalte", bei denen die Nahrungsausgaben absolut steigen, prozentual jedoch sinken („Engel-type") und viertens die „wohlhabenden Haushalte", bei denen sie absolut und prozentual konstant bleiben oder sinken („post-Engel-type"). Infolge dieser Regelmäßigkeiten treffen Steuern und Zölle auf Lebensmittel die ärmere Bevölkerung daher stärker als die Wohlsituierten. Das sog. *„Engel'sche Gesetz"* wurde somit nur begrenzt für zutreffend erklärt. So folgen ihm z. B. in Indien, China und Siam nur 40 % der

Haushalte. Mit steigendem Einkommen tritt zudem eine größere Variierung der Ernährung und in der westlichen Welt zugleich ein Wechsel in der Art der Ernährung ein, z. B. vom Gemüse zum Fleisch, hier wieder vom Rind zum Schwein, sowie von Kohlehydraten zum Eiweiß. Die Betrachtung von Haushaltsbüchern regionaler Gruppen zeigt ferner, daß die ländliche Bevölkerung größere Mengen an Lebensmitteln verbraucht als die städtische und daß sie sich eintöniger ernährt, besonders eintönig, soweit sie vom Ertrag eines eigenen kleinen Betriebes lebt.

Entsprechend dem sog. Engel'schen Gesetz glaubte *Schwabe* das „Gesetz" aufstellen zu können, daß mit steigendem Einkommen eines Haushalts der Prozentsatz der Ausgaben für *Wohnung* ebenfalls sinkt. Er kam zu dieser Aussage allerdings nicht auf Grund von Wirtschaftsrechnungen, sondern durch Einsicht in Mietskataster. Erst später wurde es durch Heranziehung von Haushaltsbüchern nachgeprüft (C. D. *Wright*, L. B. *More*, R. C. *Chapin*, F. H. *Streightoff* etc.). So kam in Deutschland E. *Laspeyres* zu dem Ergebnis, daß das *Schwabe'sche Gesetz* erst von einer bestimmten Einkommenshöhe ab gelte; so fanden ferner G. *Albrecht* und F. *Lütge*, daß bei dem Prozentsatz für Miete nicht nur die Einkommenshöhe, sondern auch die soziale Schicht und in ihr der soziale Rang der Familie berücksichtigt werden müsse. Je höher beides sei, je höher sei die Ausgabe für Miete, so daß man das sog. Schwabe'sche Gesetz nun durch den Zusatz einschränkte: „wenn nicht eine Verschiebung in der sozialen Stellung stattfindet". Auch habe diese Regelmäßigkeit eine geringere Gültigkeit für Angestellte als für Arbeiter und treffe für Beamte und für höhere Einkommen überhaupt nicht mehr zu. Weitere globale Haushaltsforschungen ergaben, daß sich in bezug auf den Prozentanteil der Miete im allgem. keine Regelmäßigkeiten finden ließen. Die Vereinigten Staaten, Deutschland und Polen gäben durchschnittlich 18 %, Italien, Frankreich, Schweiz und Schweden 10—12 %, Dänemark, Norwegen, Großbritannien, Österreich 14—16 % für Miete aus. Jedes Land habe dabei durchschnittlich eine Streuung von weniger als 5 % bis zu 20 % der jeweiligen Einkommen.

Ähnlich liegt es bei *Kleidung*. Fand *Engel* zuerst, daß die Kleidungsausgaben absolut und relativ mit höherem Einkommen und sozialen Rang steigen, und daß etwa der Beamte und Angestellte — bei gleichen Einkommen — prozentual mehr für ihre Kleidung ausgeben, als der Arbeiter, so glaubt man heute, hier keine Regelmäßigkeiten mehr finden zu können, es sei denn, daß die Kleidungsausgaben der Frauen stärker, die der Kinder weniger und die der männlichen Familienangehörigen am stärksten variabel sind. Hier mag es sich bei den früheren Ergebnissen allerdings nicht um unberechtigte Verallgemeinerungen, sondern um Aussagen handeln, denen zufolge den Wandlungen von Wirtschaft und Gesellschaft keine allgemeine Gültigkeit mehr zugesprochen werden kann. Das immer stärkere Zurücktreten institutioneller Kleidung gegenüber der modischen ermöglicht es einerseits den Produzenten, große Mengen Bekleidung verbilligt an *alle* sozialen Schichten gleichzeitig heranzutragen. Diesem Bestreben kommt andererseits das sich heute einebnende Selbstbewußtsein der verschiedenen sozialen Schichten entgegen, das nicht mehr im gleichen Maße nach Symbolisierung in der Kleidung trachtet, so daß sich Regelmäßigkeiten in bezug auf diese Ausgaben nicht mehr so deutlich zeigen.

Die Ausgaben für *„Sonstiges"* — für Körperpflege, Vergnügen, Erziehung etc. (expenditures for sundries or advancement goods) — sind die am meisten elastischen Ausgaben, d. h. es übt das Anwachsen der Familie auf diese Ausgabengruppe vor allem einen einschränkenden Druck aus. Es sind zudem diejenigen Ausgaben, die stärker außerhalb der gemeinsamen Familienkonsumtion und mehr im individuellen Verbrauchsbereich liegen. Daher wächst der Anteil dieser Ausgaben nicht nur absolut und relativ mit zunehmendem Einkommen, sondern auch mit zunehmender Lockerung der Familie. Das Anwachsen dieses Einnahmepostens ist daher nicht nur — wie man anfangs dachte — ein Zeichen steigenden Wohlstandes.

Bei weiter steigenden Einkommen stellte *Conradt* für die genannten Ausgabegruppen ein *zweites relatives Optimum* fest und erhielt damit graphisch eine zweigipflige Kurve. Dieses Kurvenbild läßt auf eine unhomogene Beobachtungsmasse schließen: bei der Gliederung der Massen nach der Einkommenshöhe war zunächst die Familiengröße unberücksichtigt geblieben. Von den beiden Sättigungsschwellen entspricht die erste derjenigen der *kinderreichen* Familien, die zweite dagegen derjenigen von *kinderarmen* bzw. *kinderlosen* Familien. *Conradt* formuliert dieses Ergebnis plastisch: „In Deutschland leben unter der Herrschaft desselben Bedürfnisses nebeneinander zwei Völker. Entsprechend den beiden Völkern gibt es zwei Lebenshaltungen, zwei beherrschende Prinzipien, Überfluß oder Mangel ... Es sind die kinderarmen, die sich mit ihrem Lohn viele Annehmlichkeiten leisten können und die kinderreichen, die sich in der Bedürfnisbefriedigung weitgehend einschränken müssen". Diese soziologisch besonders anschaulich formulierte Gesetzmäßigkeit wird von den neuesten Untersuchungen, die den Einfluß der Familiengröße mit Hilfe der sog. Vollpersonenberechnung (d. h. unter Umrechnung auf die Ausgaben eines als Einheit angenommenen Mannes) ausschaltet und die untersuchten Haushaltungen anschließend nach Wohlhabenheitsstufen (d. h. nach dem je Vollperson verfügbaren Einkommen) zusammenfaßt, bestätigt: die kinderreichen Familien gehören größtenteils den niedrigen Wohlhabenheitsstufen an.

Bei der Ableitung von Gesetzmäßigkeiten aus einem breiteren statistischen Material erweisen sich die *Einkommensschwellen* mit den ihnen zugeordneten *relativen Optima* von besonderer Aussagekraft. Haushaltungen, deren Einkommen unterhalb solcher Schwelle liegt, werden auf Einkommensänderungen anders reagieren als solche Familien, die bereits den ersten Sättigungsgrad für das betreffende Bedürfnis erreicht haben. Das gleiche gilt von den darüberliegenden Einkommensstufen, bei denen eine Einkommenserhöhung bei etwa gleichem Mengenverbrauch zu dem Bezug besserer Qualitäten führt. Neuere Untersuchungen — unter stärkerer Verwendung mathematisch-statistischer Methoden — haben die bereits früher für einzelne Einkommensstufen formulierten Gesetzmäßigkeiten für eine weitere Skala der Einkommen neu gefaßt. Das Engel'sche Gesetz sowie eine Reihe von früher als Einzelerkenntnisse gefundenen Zusammenhänge gewinnen unter diesem Aspekt den Charakter einer Teilaussage für einen bestimmten Abschnitt der Einkommensskala und werden in den mathematisch formulierten Funktionalzusammenhang als Einzelfall einbezogen.

Neuerdings gliedert man die Ausgaben in Ausgaben für kurzlebige Verbrauchsgüter, sog. *„echten Verbrauch"* bzw. *Konsumstandard* und in „Ausgaben für langlebige Konsumgüter", sog. *„Konsumvermögen"* (Möbel, Bücher, Haushaltswäsche etc.), ist doch nicht jeder in den Haushaltsbüchern gebuchte Kauf Verbrauch. Nicht nur weil der Haushalt Vorräte anschafft, Sachsparen in der Hoffnung auf späteren Wiederverkauf tätigen kann, sondern auch deshalb, weil er beim Konsumvermögen nur Nutzungen verbraucht. Die Nichtbeachtung dieser Unterscheidung zwischen echtem Verbrauch und Konsumvermögen führt zu falschen Schlüssen in bezug auf den echten Verbrauch, wenn — wie es in der Nachkriegszeit in der Bundesrepublik der Fall ist — nicht nur Ersatzinvestition, sondern auch ein starker Nachholbedarf in bezug auf das Konsumvermögen vorliegt, das hier ungefähr der Hälfte des erwerblichen Nachholbedarfs gleichkommt. Zudem zeigt sich ein Trend abnehmender Qualität des Konsumvermögens, der sich auf die durchschnittliche Ersatzinvestitionsquote der Haushalte auswirkt.

Ferner kann man die Ausgaben des Haushaltes in nach außen *„sichtbaren"* (conspicuous consumption) und *„unsichtbaren"* Konsum gliedern. Dabei zeigt sich, daß der für die Umwelt nicht sichtbare Verbrauch leichter einschränkbar ist, als der sichtbare, weil er die soziale Stellung der Familie nach außen nicht symbolisiert.

Auch werden neuerdings die Ausgaben des Haushalts in Ausgaben für *„verarbeitete"* und *„unverarbeitete* Verbrauchsgüter" eingeteilt. Auch hier zeigt sich ein Trend, immer mehr fertige Verbrauchsgüter zu kaufen, wobei die ländlichen Haushalte noch stärker verarbeiten als die städtischen. Auf diese Weise entleert sich der Haushalt vieler produktiver Funktionen (E. *Egner)*. Trotzdem wird er niemals *nur* Stätte letzten Verbrauchs, sondern bleibt in bestimmtem Sinne immer produktiv, da er die einzelnen qualitativ verschiedenen Güter in ihrem Werte stark erhöht, indem er sie, die ja ebenfalls komplementär sind, zu einer großen Güter*einheit* zusammenschließt und ihr zugleich eine von ihm geschaffene Atmosphäre anfügt. So ist die Wohnung (the house) nicht nur der Platz, der Schutz gewährt, nicht nur der Ausdruck sozialer Position, sondern zusammen mit der Güter*einheit* und Atmosphäre wird sie das „Zuhause" (the home) für die Familie, in dem alles Vorhandene eng zusammengehört. Dieses *qualitative* Gefüge komplementärer Güter im Haushalt ist mit Hilfe von Wirtschaftsrechnungen, die sich ja nur aus Preisen und Mengen von Gütergruppen zusammensetzen, allerdings nicht zu erfassen. Der Wirtschaftsrechnung muß hier die *beschreibende* Monographie zur Seite treten. Sie muß ergänzt werden.

c) *Verhältnis des Familieneinkommens zu den Familienausgaben:* Die Einnahmen des Haushalts unterliegen nun zeitlich und graduell anderen Schwankungen als die Ausgaben, die streng genommen ohne jede typische Wiederholung sind. Das jeweilige Verhältnis von Konsumenten zu Produzenten, umgerechnet auf Vollpersonen, gibt uns „in the long run" darüber ein gutes Bild. Der Haushalt überbrückt die Inkongruenz zwischen Einkommen und Ausgaben, indem er in guten Zeiten *Vorratswirtschaft* treibt, *Ersparnisse* zurücklegt, in für ihn schlechten Zeiten zu anderen Qualitäten und zu Änderungen der gekauften Mengen übergeht, seine zusätzlichen Einnahmen vergrößert oder Ersparnisse verbraucht. Über Ersparnisse sagen die Wirtschaftsrechnungen fast nichts aus. Immerhin wissen wir bereits folgendes: sparen die Haushalte, so heben sich 4 *typische Gruppen* nach der bevorzugten Anlage der Rücklagen heraus: der Landbesitzer, der seine Ersparnisse in Grund und Boden investiert; die städtische Schicht der weniger Wohlhabenden, die bei Sparkassen oder Versicherungen anlegt; der wohlhabende Städter, der Wohnungen zu erwerben sucht; der Reiche, welcher Effekten kauft. Da die letzteren mit steigendem Einkommen eine steigende Sparquote haben, so trifft sie auch darum eine indirekte Besteuerung in verringertem Maße. Ferner läßt sich erkennen, daß der ländliche Haushalt und die oberen städtischen Schichten — im Gegensatz zu den nicht sehr sparwilligen unteren städtischen Haushalten — ein gleich starkes Bestreben haben, für die Zukunft zu sorgen.

3. Moderne Wandlungen der Haushaltsführung

Während die Rechnungsbücher der Erwerbswirtschaften den Erfolg der Unternehmungen ausweisen, wurde dagegen von den Wirtschaftsbüchern des Haushalts gesagt, daß zwar ihre Möglichkeiten für die Forschung noch nicht ausgeschöpft seien, daß die Haushaltsstatistik jedoch „immer nur die äußerste Grenze erreicht". Weder ist der Ausgleich der

Einnahmen und Ausgaben voller Maßstab für die Güte einer Haushaltsführung, noch eine möglichst hohe Bedürfnisbefriedigung mit geringsten Kosten, denn das *Ziel der Haushaltsführung* liegt ja nicht nur im Wirtschaftlichen, sondern auch und vor allem in der *soziologischen* Sphäre. Das heißt, daß ein Haushalt um so besser funktioniert, je mehr es ihm gelingt, die Familienmitglieder an sich zu binden und zugleich der Familie die Möglichkeiten zu bieten, die zwischenmenschliche Distanz (L. *v. Wiese*) zwischen den Familienangehörigen zu verringern, d. h. den zentrifugalen Kräften zentripetale entgegenzusetzen. Aus der gesellschaftlichen Sphäre heraus sind jedoch heute starke Kräfte am Werk, den Einzelnen aus der Gemeinschaft der Familien herauszuheben und immer mehr in andere, größere zweckgebundene und mit ungehemmtem Egoismus geladene Gebilde einzuschalten (politische Parteien, Klubs, Sportvereine, Wirtschaftsgruppen etc.). So ist der Haushalt manchmal nur noch die „Schlafstelle" für die Familienangehörigen. Die Ausgaben für den Einzelnen liegen aus diesem Grunde dann ebenfalls immer stärker außerhalb der Wirtschaftsrechnungen des Haushalts. Das Haushaltsbuch verkleinert sich. Familien- und Haushaltseinkommen divergieren dadurch in immer größerem Maße. Wie weit sich dadurch auch die *Haushaltsstruktur* ändert, ist noch nicht geklärt. Immerhin hat — im Gegensatz zu den erwerbswirtschaftlichen Betrieben — die Familie im biologischen Mutter-Kindverhältnis einen für alle Zeiten *unzerstörbaren* Kern, aus dem sie sich jederzeit wieder entfalten kann — und mit ihr der Haushalt.

Mit Haushalt und Familie wandelt sich aber zugleich auch die Form der *Ethik* in der Gesellschaft. An Stelle der von der Familie geborenen, im Haushalt erlebten und vorgelebten warmen und opferbereiten Ethik der Bruderliebe *(Pestalozzi)* tritt mit der Schwächung der Familie, der Verkleinerung des Haushalts und der stärkeren Verankerung des Einzelnen im Individualismus und in außerfamiliären Gruppen nun die kältere Ethik des kollegialen und des rationelleren gruppenzweckmäßigeren Verhaltens. So können wir, so erstaunlich es auch zuerst klingen mag, aus der Art der jeweilig geltenden Ethik Schlüsse auf die Haushalte und von den Haushalten Schlüsse auf die jeweilige Form der Ethik ziehen. So sagte *Le Play* mit Recht, daß man „von der Haushaltführung einer Familie nicht nur auf den Wohlstand derselben, sondern auch auf die Art der Familie und aus der Art der Familie Schlüsse auf die Gesellschaft ziehen könne." Die Bedeutung der Wirtschaftsrechnungen für die Forschung geht also über die Entnahme von Wohlstandsindizes etc. weit hinaus.

II. Teil

Die Frau in Haushalt und Erwerb

7. Die Bedeutung der Frauenarbeit in der Volkswirtschaft[1]*

Wir verstehen unter Wirtschaft die planmäßige Versorgung der Menschen mit Gütern. Zu wirtschaftlichen Gütern gehört alles, was in seiner Menge hinter dem Bedarf der Menschen zurückbleibt, also produziert werden muß. Zu ihnen gehören nicht nur materielle Objekte wie Nahrungsmittel, Kleidung, Wohnung, sondern auch Immaterielles wie Theateraufführungen, wissenschaftliche Arbeiten, ärztliche Dienstleistungen, Dienstleistungen für Krankenpflege, für die Erziehung der Jugend u. a. Volkswirtschaft ist die Wirtschaft innerhalb einer bestimmten, staatlichen Schicksalsgemeinschaft.

In die Volkswirtschaft ist die Frau auf zweifache Weise verflochten: einmal indem sie selbst als Herstellerin bzw. Verkäuferin von Gütern auftritt: Arbeiterin, Krankenschwester, Gelehrte, Lehrerin ist, also indem sie Berufe innerhalb der Volkswirtschaft ergreift. Das andere Mal indem sie als Käuferin in der Volkswirtschaft Güter dem Markte entnimmt, entweder für sich allein oder — wie es meist der Fall ist — auch vertretend für Mann und Kinder. Die Frau ist also als Produzentin und Konsumentin in die Volkswirtschaft verflochten.

Als Konsumentin hat die Frau einen Einfluß auf die Richtung der Produktion in der Volkswirtschaft. Nichts kann auf die Dauer hergestellt werden, was sie nicht nachfragt. Sie hat es dadurch also in der Hand, bestimmte Produktionen zu fördern; Auslands- oder Inlandsware, mit Maschinen oder durch Handwerk hergestellte Erzeugnisse zu kaufen. Die Frauen Amerikas versuchten bereits durch Gründung einer national consumers league ihren Einfluß auf die Arbeitsverhältnisse geltend zu machen. Diese Liga boykottierte z. B. Waren, die durch ungenügend bezahlte Heimarbeit hergestellt waren, um dadurch höhere Löhne für die Heimarbeiterinnen zu erzwingen. Hier liegen für Frauenorganisationen noch weite Möglichkeiten. — Als Produzentin kann die Frau, wie die Geschichte zeigt, in sehr verschiedenem Maße in die

---

* *Quelle:* Die Frau, Berlin, 39. Jahrgang (1932).

[1] Vortrag. Gehalten auf der Tagung Hessischer Frauenvereine in Bad-Nauheim. Mai 1932. Für Drucklegung gekürzt.

Volkswirtschaft verflochten sein. Bereits im Mittelalter gab es eine Zeit, in welcher die Frau innerhalb der durch Zünfte geregelten Wirtschaft gleichberechtigt neben dem Manne zu wirken begann, bis sie durch den Mann, im Kampf um einen verknappten Nahrungsspielraum, aus ihrer Position wieder verdrängt wurde. Auch in der Gegenwart besteht ja die Tendenz, die Frau zurück, ja sogar überhaupt möglichst aus den Berufen in der Volkswirtschaft herauszudrängen. Nähme sie doch dem Manne in der jetzigen Zeit der Arbeitslosigkeit die Erwerbsmöglichkeiten.

An und für sich ist es vom Ganzen der Volkswirtschaft aus gesehen gleichgültig, wer arbeitet! Immer muß der Arbeitende, ob Mann oder Frau, die nicht Arbeitenden direkt oder vermittelst Umweg über Staat und Gemeinde miternähren. Doch scheint — vom Ganzen aus gesehen — die Arbeit des Mannes in der Volkswirtschaft wertvoller, weil er die Familie gründet, wobei die Agitation gegen die Frauenarbeit dann noch weiter auf den Argumenten basiert, daß die Arbeit der Frau in der Volkswirtschaft von vornherein ein Eindringen in die Berufssphäre des Mannes gewesen sei und daß die Frau *„von Natur“* in die Familie oder nur in eine geringe Zahl spezifisch weiblicher Berufe gehöre. Kann man das erstere dieser beiden letzten Argument zum großen Teil auch, wie Elisabeth Schwarzhaupt dargelegt hat[2], durch den Hinweis als nichtig aufzeigen, daß die Frau ja nur den von ihr früher im Hause geleisteten Verrichtungen, die ihr durch die Maschine genommen wurden, in die Volkswirtschaft nachgewandert sei, so scheinen die beiden anderen Argumente immer noch eine ungeheure Stoßkraft zu besitzen. Auch bei Frauen! Daher wird die augenblickliche Krise in der Volkswirtschaft wiederum zu einer Krise unserer beruflichen Position in der Volkswirtschaft, und dies zeigt uns wiederum, wie tief der Einzelne und das Ganze miteinander verflochten sind. Was jedoch für das Einzelleben gilt, gilt auch für eine Bewegung. Jede Krise kann fruchtbar werden, wenn um Kräfte zu ihrer Überwindung gerungen wird, Kräfte, die letzten Endes aus Selbstbesinnung erfolgen — ich erinnere an die Lehre vom Wert des Leidens in den Religionen — Kräfte, die dem Menschen, ihn ein für alle Mal erhöhend, auch nach der Überwindung der Krise bleiben. Darum ist es notwendig, daß wir Frauen uns in der jetzigen Krisis die alte Frage erneut stellen, welche Bedeutung unsere Mitarbeit in der Volkswirtschaft besitzt. Ist die Bedeutung derselben eine derartige, daß wir *trotz* des verengerten Nahrungsspielraumes das Recht auf Berufe fordern können, auch wenn dies Opfer fordert, weil vom Ganzen aus gesehen, diesen Opfern höhere Vorteile gegenüberstehen?

---

[2] E. *Schwarzhaupt:* „Was hat die Frau vom Nationalsozialismus zu erwarten“. Deutsche Erneuerung. Berlin.

Welche Vorteile bietet die Frauenarbeit? Sie bietet — das hat die Frauenbewegung in ihrem ersten Stadium immer wieder betont — der Frau den Vorteil tieferer Persönlichkeitsausbildung. Sie bietet ihr erstens den Vorteil innerer Freiheit und Wahrhaftigkeit. Sie, die diesen Beruf ergreifen kann, braucht nicht um jeden Preis zu heiraten. Sie ist infolgedessen nicht gezwungen „zu gefallen" und kann im Leben unbekümmert um das Urteil ihrer Umwelt in verantwortungsvoller Selbstbestimmung ihren Weg gehen. Zweitens bietet der Beruf auch der nicht heiratenden Frau Entfaltung ihrer Kräfte und lehrt sie zugleich dabei doch Selbstzucht üben. Denn jeder Beruf erfordert Hingabe und Opfer, erfordert Überwindung von Reibungen und Ärger, und Durchhalten auch in jenen Zeiten, in denen wir den Bezug auf das verlieren, was uns an unseren Beruf kettete, erfordert Kampf mit uns selbst, um diese innerliche Beziehung wiederzugewinnen. Trägt die Frau doch noch größere Verantwortung als der im Beruf stehende Mann, da jeder Fehler, den sie macht, nicht ihr allein, sondern heut noch meist den Frauen als Ganzes zur Last gelegt wird. Und schließlich bahnt die Berufsarbeit der Frau ihr durch die Bewährung im Beruf — sei es durch die eigene, sei es durch die anderer Frauen — den Weg zum Selbstvertrauen. Wir wissen heute, daß die Frau schöpferisch ist. Früher konnten die Ideen der Frau sich nur über Anregungen des Mannes auswirken[3]. Der Grund liegt nicht nur darin, daß der Frau die intellektuelle Schulung und die Kenntnisse fehlten, um ihre neuen Blickpunkte auszugestalten. Wenn in die menschliche Bewußtseinssphäre ein „Einfall" stattfindet — das Wort ist typisch für den Vorgang des hier Irrationalen: Gjellerup läßt seinen Helden einmal sagen, er „fange" Gedanken — so muß ein auf Vertrauen wurzelnder Glaube das jahrelange schwere Ringen um die Ausgestaltung unterstützen. Wo dies Vertrauen fehlt, erlischt der Funke, wird der Gedanke vielleicht überhaupt nicht „gefangen". Und dies Vertrauen hat den Frauen, die überall im Leben auf den zweiten Platz gedrängt wurden, gefehlt und rief nun den Anschein weiblicher Unproduktivität hervor. Dies Selbstvertrauen wurde und wird den Frauen heute durch die Leistungen der Frau geschenkt, sodaß sie nun nicht nur am Gegebenen mitarbeiten, sondern das Leben wirklich im tiefsten Sinne mitgestalten können. All das sind allgemeinmenschliche Werte, die bei der Frau durch ihre Mitarbeit in der Wirtschaft realisiert werden.

Vergessen wir aber nicht das Problem, von dem wir ausgingen! Die Vorteile, die durch die Frauenarbeit realisiert werden, sollen die Opfer überwiegen, die diese auf der anderen Seite hervorruft. Und diesen Vorteilen stehen bei Arbeitslosigkeit des Mannes nicht nur man-

---

[3] Vgl. zum Folgenden G. *Bäumer:* „Die Frau im neuen Lebensraum". Berlin 1931. „Die Frau in der Krisis der Kultur". Berlin 1930.

gelnde Familiengründungen, sondern auch Nachteile in der Volkswirtschaft gegenüber, die *seine* Persönlichkeit treffen. Das Gefühl überflüssig zu sein, Kräfte nicht verwerten zu können, das Demütigende des Bittens und Suchens um Arbeit, der Verfall ungenützter Fähigkeiten und Kenntnisse, das Niederdrückende des Unterstütztwerdens durch andere, all das lastet nun auf *ihm*. In einer Zeit knapper Arbeitsgelegenheit steht, wenn die Frau arbeitet, also dem plus an Persönlichkeitswerten bei der Frau ein minus an Persönlichkeitswerten bei dem Manne gegenüber. So scheint sich zwischen den Geschlechtern im Augenblick ein reiner Interessenkampf abzuspielen. „Du oder ich!" Einer *muß* die Nachteile tragen und unsere Frauenorganisationen erscheinen nun als reine Kampforganisationen getragen vom Geschlechtsegoismus, als reine Zweckverbände für unsere Interessen, damit die Last der wirtschaftlichen und seelischen Not in der gegenwärtigen Krise nicht auf unsere Schultern gewälzt wird. — *Aber so ist es nicht!* Das Zurückdrängen der Frau ist für das Ganze der Volkswirtschaft weder belanglos, noch vorteilhaft. Und diese Auffassung, daß die Frauenarbeit in der Volkswirtschaft für das Ganze Bedeutung hat, hebt unsere Bewegung weit über den Geschlechtsegoismus hinaus, gibt uns das Recht, Erreichtes zu verteidigen und die Arbeit der Frau außerhalb der Familie auch in dieser Zeit knapper Arbeitsgelegenheit zu fordern!

Denn rückschauend in die Vergangenheit können wir, diese vereinfachend, erkennen, daß die Geschichte sich in Gegensätzen bewegt, daß mit einem zu allen Zeiten vorhandenen Allgemeinmenschlichen sich ein historisch Wandelbares mischt. Die Menschen denken zu verschiedenen Zeiten anders, ihr Lebensgefühl ist ein anderes, ihre Religionen, ihre Wirtschaft sind zu verschiedenen Zeiten ganz verschieden. So ist nach Levy-Brühl die Denkweise der Naturvölker eine von der unsrigen völlig verschiedene. Sie scheint uns widerspruchsvoll, den logischen Gesetzen nicht zu gehorchen, denn die Welt wird von ihnen mystisch erlebt und nach dem Gesetz der Partizipation erfaßt[4]. So klafft zwischen dem Mittelalter, in welchem sich alles unter die Kirche beugte, und in welchem dem Irdischen als der Bühne, auf der die Menschen nur kurze Zeit eine Rolle zu spielen hatten, nur geringer Wert zukam, und der Gegenwart mit ihrer Lebensbejahung und ihrem Streben nach Lebensgenuß eine tiefe Kluft. So wechseln die Stilepochen: Romanisch, Gotisch, Renaissance und Barock. Es gibt ferner Zeiten, wo man im Einzelnen das Höchste zu erkennen meint und Zeiten, wo man ihn nur als dienendes Glied höherer Ganzheiten erfaßt. Es gab weiter Zeiten, in denen die Frau im Mittelpunkt des Lebens stand, Oberhaupt der Familie, Priesterin, Kriegerin und Herrscherin. Sie allein alles ordnend und bestim-

[4] L. *Levy-Brühl:* „Das Denken der Naturvölker". Übersetzt von W. Jerusalem. Wien 1921.

mend, bis ihre Vorherschaft — das Matriarchat — allmählich vom Manne gebrochen wurde, dadurch die Lebensgestaltung für Jahrhunderte an ihn überging und diese damit zugleich auch ein völlig anderes Gepräge bekam[5].

Diese gegensätzliche Bewegung der Geschichte lehrt uns zweierlei: *Erstens:* daß es für unsere augenblicklich herrschende Lebensform, welche mit der Renaissance beginnt, keine Ewigkeit gibt. Sie ist geworden und wird auch wieder vergehen. Diese augenblicklich herrschende Lebensform hat im Großen und Ganzen folgendes Gepräge: Ihr gilt der Einzelne als das Höchste. Ferner schenkt sie dem Einzelnen in allen Dingen fast unbegrenzte Freiheit, stellt das Verstandesmäßige am höchsten, ist atheistisch, bejaht den Lebensgenuß und zeigt dadurch einen Vorrang der Wirtschaft wie nie eine Zeit zuvor. Überließ der antike Mensch die Wirtschaft als minderwertig dem Sklaven und diente selbst nur dem Staate, drängte das Mittelalter die Wirtschaft auf einen Teil des Tages zurück und strebte der Einzelne in der Wirtschaft auch nur nach einem festumgrenzten, standesgemäßen Einkommen, so besteht im Gegensatz zu all diesem heute ein uferloses Streben nach Geldgewinn bei jedem Einzelnen und die dadurch hervorgerufene Konkurrenz in der Volkswirtschaft nutzt die menschlichen Kräfte in einer Weise aus, daß dem Menschen die Freude am Schaffen, sowie die Fähigkeit, tiefere Werte in seiner Freizeit zu genießen, völlig verloren geht. So schlägt das unbegrenzte Streben nach Lebensgenuß den Lebensgenuß selbst tot. Der Natur und den Mitmenschen entfremdet, schwankt das Leben der meisten Menschen zwischen Erschöpfung im Beruf und Aufpeitschung in der Freizeit hin und her. Möglichst hohe Zahlen imponieren, und der Sinn für Form ist verloren. Denn Form heißt Bezogensein auf eine Mitte, heißt Begrenzung und Eigenart der Gestalt. Und all dies ist bis zu einem Punkte gekommen, daß das Gefühl entsteht — ich erinnere an die Jugendbewegung — „So kann es nicht weitergehen!“ Die Gegenwart bietet daher nicht nur das Bild einer wirtschaftlichen, sondern viel länger schon das Bild einer schweren, kulturellen Krise. Kritiken unserer Zeit mehren sich und Prophezeiungen, daß wir einem Untergang des Abendlandes entgegengingen. Aber nur dann wären wir dem Untergang geweiht, wenn es uns nicht gelänge, neue Lebensformen zu finden. Mit neuen Werten — das zeigt die Geschichte — kann auch immer wieder eine neue Jugend gefunden werden!

Die Geschichtsbetrachtung lehrt uns *zweitens,* daß wir Frauen dem Leben einmal ein ganz bestimmtes, den späteren Jahrhunderten fremdes Gepräge gegeben haben; ein Gepräge, das ohne Zweifel mit aus unserer weiblichen Eigenart entsprang. Zwischen den Gegensätzen, die

[5] J. *Bachofen:* „Mutterrecht und Urreligion“. Leipzig 1927.

das Leben hervorbringt, die miteinander ringen, sich ergänzen und ablösen, ist der Gegensatz männlich-weiblich der eine. Die Kette der vergangenen Jahrhunderte war spezifisch männlich gestaltet. Die Aufgabe der Frau als Produzentin und Konsumentin muß es sein, *ihre* Eigenart in der Volkswirtschaft zur Geltung zu bringen. Ihre Aufgabe muß es sein, daß die kommende Zeit kein Untergang, sondern ein Umbruch wird. In der vom anderen Geschlecht gestalteten Welt ist sie — die bis dahin zurückgedrängt war — *auf Grund ihrer weiblichen Eigenart noch Trägerin bisher nicht realisierter Werte*. Darum fordern wir nicht aus Geschlechtsegoismus, sondern im Hinblick auf das Ganze auch in dieser Zeit knappen Nahrungsspielraums das Aufrechterhalten der Frauenarbeit trotz der Opfer, welche diese erfordert. Aus diesem Grunde ist unsere Frauenbewegung — wie Gertrud Bäumer einmal gesagt hat — wirklich zutiefst „Bewegung", das heißt etwas Lebendiges, etwas, das schaffen und gestalten will; ist sie eine Kulturbewegung. Aus diesem Grunde sind unsere Frauenvereine nicht nur Kampforganisationen; sind sie nicht eine Summe durch äußeren Zweck zusammengeschlossener Einzelner, sondern stellen sie eine innerliche Verbundenheit, eine Gemeinschaft, durch die Erkenntnis einer Aufgabe dar. Einer Aufgabe, die lange war, bevor wir Einzelne waren, denn Leben ist über einer letzten es tragenden Einheit Mannigfaltigkeit, ist sich entfaltender Reichtum der Formen! Und darum fordern wir auf Grund unserer fraulichen Eigenart nicht nur das Aufrechterhalten der Frauenarbeit in der jetzigen Wirtschaftskrise, sondern die Mitarbeit der Frau in der Volkswirtschaft schlechthin, für alle Zeit!

Was aber ist die Eigenart der Frau? Müssen wir das nicht klarstellen, wenn wir das Leben mittels unserer Eigenart gestalten wollen? Und doch ist es unmöglich, darauf eine Antwort zu geben. Sicher ist eines. Der Gegensatz männlich und weiblich ist nicht der Gegensatz Verstand—Gefühl. Das ist viel zu trivial und zudem falsch. Verstand ist das für das Handeln *beider* Geschlechter zur Verfügung stehende Werkzeug. Die heutigen Frauen lassen es, wenn sie die richtige Schulung erhalten haben, an gedanklicher Schärfe im Vergleich zum Manne nicht fehlen. Was das Erfassen der weiblichen Eigenart so schwer, ja unmöglich macht, gilt für viele Dinge im Leben. Was ist an einer Erscheinung zeitbedingt und daher änderbar, was drängt dagegen als ewige, überzeitliche Gestalt zur Realisierung? Frühere Zeiten haben z. B. an der Bibel alles für ewige Wahrheit gehalten. Unsere Zeit tendiert dahin, alles zu historisieren. Das sind extreme Antworten! Dazwischen liegen unendlich viele Möglichkeiten, wo man die Schnittlinien zwischen dem Zeitlosen und dem historisch Bedingten ziehen kann. Auch bei der Frau. Bei manchen Völkern heißt es, daß die Frau keine Seele habe oder daß sie „von Natur" keinen Verstand besitze oder daß ihre Weiblichkeit

„von Natur“ aus mit Schwäche gepaart sei. Wir belächeln das heute und bewundern z. B. an den Arbeiten einer Sigrid Undset und an den an die Gesänge der alten Propheten gemahnenden Gedichten einer Gertrud von Le Fort die Kraft, die ihrer Weiblichkeit für uns keinen Abbruch tut. Während frühere Zeiten alles an der Frau ihrer Zeit für ewig frauliche Eigenart hielten, besteht im Gegensatz dazu heute in der Psychologie der Versuch, eine zeitlose weibliche Eigenart überhaupt abzuleugnen. Was wir bei der Frau als weiblich ansähen, das seien nur Eigenschaften Unterdrückter, Reaktionserscheinungen der sozialen Lage. So zeigten unterdrückte Völkerschaften ebenfalls die sonst für typisch weiblich gehaltenen Eigenschaften: Demut, Weichheit, Ängstlichkeit, Gefallsucht usw.

Wir wissen heute, wie eng Persönlichkeit der Forscher und Arbeitsergebnisse zusammenhängen. Je nach den Persönlichkeiten der Forscher hebt sich ihnen an der Welt anderes heraus. Jene suchen hinter allem Wechsel, hinter dem Bunten und Vielfachen das Einheitliche im Strom der Zeit, diese nur das Gegensätzliche und Verschiedene; und sie halten ihre Sichten dann jeweils für das allein Richtige. In Wirklichkeit bietet die Welt in Fülle Beides. Hatte die Frauenbewegung im ersten Stadium mehr das Allgemeinmenschliche an der Frau betont und darum Gleichberechtigung gefordert, so ist die Gleichberechtigung uns jetzt nur noch Mittel, um durch unsere weibliche Eigenart *neben* dem Manne die Welt zu gestalten. Beides ist kein Widerspruch. Wie in der Natur der Baum neben der Gemeinsamkeit mit allem Lebendigen in Struktur und Rhythmus seiner Zweige eine ihm zu Grunde liegende, nur ihm eigene Form realisiert, die Wind und Wetter, Zeit und Ort nur modifizieren, aber nie völlig abändern können, so liegt auch uns Frauen nicht nur als Einzelpersönlichkeiten, sondern als Gattungswesen neben dem menschlich Allgemeinen auch eine nur uns eigne Form der Persönlichkeit zu Grunde, die Zeit und Ort ebenfalls nur modifizieren, aber nie völlig abändern können; ein uns zur Realisierung gesetztes Wesen. Zwar werden wir niemals im Stande sein, durch Grübeln oder Selbstbeobachtung unsere weibliche Eigenart erfassen zu können. Was ist an der Lebensgestaltung des Martriarchats fraulicher Eigenart zuzuschreiben, was der frühen Kindheitsstufe der Menschheit? Nicht einmal mit „Mütterlichkeit“ wie sie sich in der Kunst einer Käthe Kollwitz und in den Ideen einer Maria Montessori offenbart, scheint mir die Eigenart der Frau voll erfaßt zu sein, denn von der Mütterlichkeit aus kann man die Welt noch sehr verschieden erleben und gestalten. Weiß die Birke um die Eigenart ihrer Form, die sie zu entfalten hat? Geben wir dem Keime Licht und Luft, und er wird sich unbewußt entfalten! Denken wir auch nicht etwa, wir müßten nun alle etwas Besonderes darstellen. Es liegt viel Größe um einen schlichten Menschen! Unsere Eigenart wird sich von selbst im Erleben und Ringen bei der einzelnen Frau offenbaren, bei der Geschäftsfrau, der Arbeiterin an der Maschine, der Landfrau und Angestellten. An jenen Punkten, wo das Leben uns vor Scheidewege stellt, seien sie auch noch so geringfügig, wird nicht nur Zeitgebundenes, sondern auch ewige Wesenheit des Fraulichen zur Verwirklichung drängen; und zwar umsomehr, je mehr wir uns an jenen Wendepunkten von unserer Umwelt nicht beeinflussen lassen. Sie wird zur Lebensgestaltung drängen, ohne daß wir nun unsere Entscheidung mit einem Kennzeichen versehen müßten. Kann manche Frau im Beruf auch nur sehr, sehr wenig die Umwelt gestalten; Geschichtliches wird nicht von heute auf morgen, aus tausenden von Frauengenerationen und Millionen von Frauenherzen wird unsere Eigenart in verantwortungsvollem Ringen allmählich emportauchen und sich schließlich doch symbolisieren im Werk.

Aus dieser unserer spezifisch fraulichen Eigenart folgt jedoch nicht, daß wir nur das Recht auf sogenannte spezifisch weibliche Berufe innerhalb der Wirtschaft haben oder überhaupt nur in die Familie gehören. Aus zwei Gründen nicht. Einmal weil diese Eigenart ja eben garnicht völlig feststeht, sodaß das, was man als „weiblichen Beruf" bezeichnet, selbst in der Geschichte schwankt. Es hat Zeiten gegeben, wo man im Theater Frauen durch Männer darstellte, wo auch die Erziehung der Kinder der Frau bis auf ein Minimum genommen war. Dann aber auch zweitens — und das soll ganz besonders betont werden — weil sich die einzelnen Lebensgebiete garnicht streng voneinander sondern lassen. Auch hier muß auf Ausführungen G. Bäumers verwiesen werden.

Nehmen wir einmal an, die Eigenart der Frau wäre mit „Mütterlichkeit" voll erfaßt, so würde daraus doch noch nicht die Festlegung der Tätigkeit der Frau allein auf die Familie folgen. Die Familie selbst ist ja beeinflußt von der gesamten Wirtschaft: Der Mensch in der Familie ist der gleiche wie der Mensch in der Wirtschaft. Was ihn hier formt, wirkt sich auch dort aus. So muß die Ermüdung langer Arbeitszeit des Vaters auch auf das Verhältnis zur Frau und Kindern ausstrahlen. Der Zusammenhang der Eintönigkeit des Berufs mit der sexuellen Frage ist ja bekannt. Ebenso der der Regelung des Berufs — z. B. der Gestaltung der Fabrikräume — mit der Gesundheit der Familie, der Höhe des Erwerbs des Mannes mit der Kinderarbeit und der Heimarbeit der Mutter. Und dann vor allem ist ja die Familie nicht nur eine seelische, sondern auch eine Konsumtionsgemeinschaft. Die Familie verbraucht, was in der Wirtschaft hergestellt wird. Sie bewohnt die Häuser, sie gebraucht die Möbel usw. und das Leben in der Familie ist davon abhängig, ob diese dem Markt entnommenen Güter beim Verbrauch wirklich Freude und Kräfte fördern — die Entwicklung des Spielzeugs auf die Entwicklung des Kindes ist z. B. von der Montessori aufgedeckt — oder ob die Familie, wie es heute bei den ärmeren Schichten meist der Fall ist, verhältnismäßig teuren Kitsch verbrauchen muß. Der eingangs erwähnte Einfluß der Konsumentin auf die Richtung der Produktion ist immer nur auf dem Wege der Wahl zwischen schon Angebotenem möglich, denn wenn die Familie etwas braucht, muß von dem Angebot irgend etwas gekauft werden. Daher kann wirklich Neuartiges nur aus der Sphäre der Produktion selbst kommen. Will also die Frau z. B. für die Familie wirken, so müßte sie eigentlich als Produzentin in der Wirtschaft in allen Sphären wirken. Daran müssen wir unbedingt festhalten: das Ideal wäre, daß wir in *jedem* Beruf neben dem Manne unsere Eigenart zur Geltung bringen!

Vergleichen wir zum Schluß ganz kurz die Frauenbewegung mit der Arbeiterbewegung, speziell der marxistischen: zwei Bewegungen, die sich miteinander verschlingen, denn die Frauenbewegung umfaßt ja auch die Arbeiterin. Beide sind die größten Bewegungen der Gegenwart. Beide sind ausgelöst durch das Zeitalter der Technik, denn die Maschine zerstört das Handwerk und verengert zugleich den Arbeitskreis der Frau im Hause. Beide sind in ihrem Ziel auf das Ganze ausgerichtet, denn auch die Arbeiterschaft, soweit sie von der marxistischen Arbeiterbewegung erfaßt wird, glaubt — ob mit Recht oder Unrecht, ist hier irrelevant — indem sie ihr Klasseninteresse vertritt, zugleich eine historische Aufgabe zu erfüllen, die über ihr Klasseninteresse weit hinausgeht: die Menschheit mit der Änderung der Eigentumsordnung in den Zustand gesellschaftlichen Friedens überzuführen. Das gab der Arbeiterbewegung den ungeheuren Schwung, diese Verankerung ihres Handelns in einer höheren Aufgabe. Beide, marxistische Arbeiterbewegung wie Frauenbewegung, bauen ferner auf Geschichtsbetrachtung auf. Jene gründet sich auf die materialistische Geschichtsauffassung, *wir* verweisen auf die Zeit des Matriarchates als Beweis für die Möglichkeit einer Lebensgestaltung durch die Frau. Beide Bewegungen blicken zugleich auf Zeitloses wie auf Gegensätzliches in der Geschichte. Doch bei diesen beiden letzten Punkten liegen zugleich tiefgreifende Unterschiede. Soweit es sich um „Zeitloses" handelt, glaubt die marxistische Arbeiterbewegung an blinde, kausale, ewig wirkende Naturgesetzlichkeit in der Geschichte. *Wir* dagegen sehen auf die ewig *geformte* Natur, auf das zielstrebige Drängen in ihr, Wesenheiten zu realisieren. Soweit es sich um „Gegensätzliches" handelt, berücksichtigt die marxistische Arbeiterbewegung den Klassenkampf, wirtschaftliche d. h. diesseitig bedingte Gegensätze; Gegensätze, die aus der Welt geschafft werden können und ihrer Ansicht nach auch aus der Welt geschafft werden. *Wir* sehen im Glauben an unsere Eigenart den Gegensatz männlich-weiblich und damit ewig unaufhebbare, miteinander in höherer Einheit sich ergänzende Gegensätzlichkeiten, die, als Letztes nicht mehr durch Irdisches bedingt, der Welt zu Grunde liegen. Und damit ist im Gegensatz zu der auf Wissenschaft aufbauenden Arbeiterbewegung *unsere* Bewegung letzten Endes im Metaphysischen verankert! Mittels unserer Eigenart die Welt auch außerhalb der Familie zu formen — denn die Welt ist auch uns als ein Erbe übergeben — das erleben wir zutiefst als ein *inneres* Gebot, als einen *höheren* Sinn unseres Lebens, in uns hineingelegt.

Wir leben im Erinnerungsjahr Goethes. Aristoteliker in einer unaristotelischen Zeit, in einer Zeit, die die Welt aus einzelnen Teilen und ihren quantitativen Beziehungen heraus zu verstehen suchte und von allem Qualitativen, aller Form abstrahierte, forschte er nach den den Erscheinungen zu Grunde liegenden, letzten gegensätzlichen Formen, den Urphänomenen. Darum gehört er uns Frauen ganz besonders; gehören zu unserer Bewegung ganz besonders seine Worte:

„Was wäre ein Gott, der nur von außen stieße,
im Kreis das All am Finger laufen ließe?
Ihm ziemts, die Welt im Innern zu bewegen.
Natur in sich, sich in Natur zu hegen,
So daß, was in ihm lebt und webt und ist
nie seine Kraft, nie seinen Geist vermißt."

Und den Gegnern unserer Frauenbewegung in Bezug auf jede in der Volkswirtschaft tätige Frau zwei Zeilen Goethes aus dem Westöstlichen Diwan:

Und Ihr sollt „in jeder Lampe Brennen
Ehrfurchtsvoll den *höh'ren Glanz erkennen*".

8. Abhängigkeit und Selbständigkeit in der Konsumwirtschaft*

I.

Wir sehen in der Empirie drei verschiedene Arten von Haushaltungen. *Erstens* Anstaltshaushaltungen wie z. B. Krankenhäuser, Krüppelheime, Gefängnisse etc. Sie sind „Sammelkonsumtionen", d. h. das Zusammentreffen der Konsumenten in ihnen ist nur zufällig. Sie dienen ferner einem öffentlich-sozialen Zweck und sind daher nicht auf Geldertrag abgestellt. Wir finden *zweitens* Haushaltungen wie Gaststätten, Pensionen und Hotels, welche ebenfalls zu den Sammelkonsumtionen zählen. Sie werden jedoch erwerbsmäßig betrieben, haben ihr Ziel also im rein Wirtschaftlichen, d. h. in der Erzielung von Geldgewinnen. *Drittens* gibt es die Privathaushaltungen. Diese gliedern sich wiederum in „Familienhaushaltungen", die als Haushalte von Familien natürlich keine Sammelkonsumtionen darstellen, und in „Einzelhaushaltungen". Beide, Familien- und Einzelhaushalte, haben nach Ansicht der bisherigen wissenschaftlichen Theorie die *unmittelbare* Bedürfnisbefriedigung der im Haushalt Lebenden als einziges Ziel. Daher ist der Familienhaushalt auch meist als „Wohn- und Eßgemeinschaft" näher charakterisiert. Der Unterschied zwischen Familienhaushalt und Einzelhaushalt wird nur in der Zahl der Personen gesehen, für die der Haushalt geführt wird. Er wäre somit ein nur quantitativer. Die Betonung der Tatsache, daß die im Familienhaushalt lebenden Verbraucher Familienangehörige sind, schien nur nötig, um den Familienhaushalt von der Sammelkonsumtion abzuheben. Ein leiser Nachklang davon liegt noch in seiner Kennzeichnung als „Wohn- und Eß*gemeinschaft"*. Danach spielt die Tatsache, daß im Familienhaushalt eine Familie lebt, jedoch keine Rolle mehr, sondern erscheint völlig belanglos. Geht doch die Grenznutzenschule immer nur von einzelnen Konsumenten aus; löst also den Familienhaushalt in eine Summe von letzten Verbrauchern auf. Neben den Privathaushaltungen stehen die „ohne Privathaushalt Lebenden". Sie teilen sich in die sogenannten „haushaltlosen Konsumenten", d. h. in Konsumenten, die durch irgendwelche äußeren Umstände nicht in der Lage sind, sich dem zu ihnen gehörenden Privathaushalt einzufügen oder einen Haushalt zu gründen, und in „Bohémiens", und „heimlose Landfahrer", die aus bestimmter *innerer* Einstellung heraus das

* *Quelle:* Leopold v. Wiese (Herausgeber): Abhängigkeit und Selbständigkeit im sozialen Leben, Band 1, Westdeutscher Verlag Köln-Opladen 1951.

gleichmäßig verlaufende und geordnete Leben in einem Privathaushalt fliehen. So verlangen z. B. die heimlosen Landfahrer nach einem dauernden Wechsel ihrer Umgebung. Wir greifen in dieser Abhandlung als Untersuchungsobjekt den „*Familienhaushalt*"[1] heraus. Nicht nur, weil er die weitaus größte Zahl von Haushaltungen umgreift, sondern weil es in ihm auch nur das gibt, was man als „Hausfrau" bezeichnet. Bei dem Familienhaushalt berücksichtigen wir wiederum nur den Haushalt ohne Angestellte, weil diejenigen Familienhaushalte, die Angestellte haben, nur einen ganz kleinen Bruchteil dieser Haushalte umfassen. Angefügt sei hier nur kurz, daß — obwohl *statistische* Erhebungen über den Haushalt reichlich vorliegen und zwar bekanntlich vorzügliche Arbeiten — *theoretische* Untersuchungen über ihn sehr spärlich sind. Über die Hausfrau fehlen sie völlig.

Wir wollen hier entsprechend der uns gestellten Aufgabe vorgehen, nämlich „Abhängigkeit und Selbständigkeit in der Lage der Hausfrau" mit Hilfe der Beziehungslehre untersuchen. Wir stoßen also mit *spezifischer* Soziologie in die bestehende wissenschaftliche Lücke vor. Die Anwendung der Beziehungslehre bringt den Vorteil mit sich, daß wir unser Problem mit einem wissenschaftlichen Handwerkszeug bearbeiten werden, dessen Begriffe sich großer Klarheit und Systematik erfreuen, und daß durch das Arbeiten mit diesem wissenschaftlichen Handwerkszeug vor allem die Beobachtungsfläche scharf abgegrenzt und das Forschungsobjekt vor dem Verfließen bewahrt wird. Wir können also wissenschaftlich sehr sauber arbeiten. Wir übernehmen für die Bearbeitung des Problems „Lage der Hausfrau" vor allem die folgenden *Grundbegriffe der Beziehungslehre*[2]: „zwischenmenschlicher Prozeß" und „zwischenmenschliche Beziehung" oder „zwischenmenschliche Distanz". Der zwischenmenschliche Prozeß ist nach v. Wiese das „Element", aus dem sich das Gesellschaftliche aufbaut. Wir übernehmen ferner die Untergliederung der zwischenmenschlichen Prozesse in Prozesse des Bindens und — das sei mit v. Wiese besonders betont — in Prozesse des Lösens und Mischprozesse, weil eine Erfahrung allein der positiven Gesellschaftsvorgänge eine nur einseitige Erfassung des Sozialen wäre. Die sozialen Gebilde, z. B. hier die Familie, wenn wir von ihrem biologischen Fundament absehen — denn sie ragt aus einer anderen Sphäre in den sozialen Raum herein — fassen wir als Agglomerationen, d. h. als Ballungen fast gleicher zwischenmenschlicher Prozesse auf. L. v. Wiese definiert das „soziale Gebilde" allerdings als eine „Mehrzahl von sozialen Beziehungen, die so miteinander verbunden

---

[1] Vgl. Ch. *v. Reichenau:* Konsum und volkswirtschaftliche Theorie, siehe oben.

[2] L. *v. Wiese:* System der allgemeinen Soziologie, München und Leipzig 1933.

sind, daß man sie sich als Einheit vorstellt". L. v. Wiese meint also, daß die sozialen Gebilde nur eine Wiederholung von fast gleichen Beziehungen *sind*. Sie seien als Substanzen nur „fingiert" und würden nur als Einheit „gedeutet". Wir dagegen sagen bloß, daß wir die sozialen Gebilde bearbeiten, als *wären* sie nur Ballungen fast gleicher sozialer Prozesse. Ob sie es wirklich *nur sind*, soll hier nicht abgehandelt werden. Dadurch vermeidet diese Arbeit es, in den großen weltanschaulichen Streit seit der Antike in bezug auf organische oder anorganische Sicht einzugreifen. Wo es sich um Prozesse des Bindens und Lösens zwischen einem Einzelnen und einem Gebilde handelt, sprechen wir mit v. Wiese als von „Integration" und „Differentiation" und den sich aus Integration und Differentiation ergebenden „Mischprozessen". Dabei legen wir mit v. Wiese den größten Wert darauf, daß die beziehungswissenschaftliche Methode letzlich auf Erfassung des Quantitativen ausgerichtet ist, weil sie den sich aus den sozialen Prozessen ergebenden, *jeweils bestimmten objektiven Distanzgrad* — eben die soziale Beziehung — zu erforschen sucht. Nach der mehr oder minder großen Stärke des Distanzgrades unterscheiden sich nach der Beziehungslehre ja die Gebilde voneinander und die Veränderung der Distanzverhältnisse im Zwischenmenschlichen zu sichten, ist nach v. Wiese das eigentliche Ziel der beziehungswissenschaftlichen Methode. Einer Methode, die v. Wiese selbst als ein ganz *spezifiisches Isolierungsverfahren* kennzeichnet, das als Verfahren, Unsubstanzhaftes, Zwischenmenschliches herauszuarbeiten, nichts mit den Verfahren anderer Wissenschaften gemeinsam habe. In diesem Sinne: ohne Zweifel! Und doch ist das Zurückgehen auf „Elemente", d. h. auf letzte, gleiche Teile, die sich nur noch durch ein quantitatives mehr oder minder unterscheiden, und aus denen die Erscheinungen dann wieder aufgebaut werden, ja nichts anderes als die „more mathematico" eines René Descartes, d. h. die Anwendung einer auf anderen Gebieten bereits durch ihre Klarheit und Deutlichkeit bewährten Methode, deren Anwendungsmöglichkeit für die Soziologie v. Wiese erkämpfte, indem er die Formen herausfand, in denen sie in der Soziologie anwendbar ist, und indem er den „sozialen Raum" aufdeckt, in welchem jene Elemente sozusagen „spielen" und sich zu sozialen Gebilden verdichten. Die sehr abstrakten Begriffe der Beziehungslehre, d. h. der reinen Soziologie, suchen wir nun von dem zu bearbeitenden Objekt *„Haushalt" aus, das die zwischenmenschlichen Beziehungen mit einem bestimmten „Betreff" verknüpft aufweist, und in dessen Zentrum eine bestimmt geartete Persönlichkeit — die Frau — steht, mit größerer Wirklichkeitsnähe, d. h. Lebendigkeit zu füllen.*

Wir arbeiten aber nicht nur mit der Beziehungslehre, sondern bauen in den folgenden Ausführungen auch auf der amerikanisch-deutschen sogenannten „eigenständigen Konsumtheorie" auf. „Eigenständige", weil sie ihre Methode nicht der Theorie der Produktion entlehnt, und weil sie zudem nicht im Dienste der Erklärung von Tatsachen der Produktionssphäre steht. Sie befindet sich in keinem Gegensatz zur Grenznutzenschule, sondern arbeitet nur auf einer weniger abstrakten Forschungsebene. Sie ist zum großen Teil angewandte Soziologie. Zum großen Teil — denn von der Beziehungslehre als angewandter Soziologie unterscheidet sie sich wiederum dadurch, daß das empirische Phänomen „Lebenshaltungsvorstellung“ für sie ein zentraler Tatbestand ist. Und zwar ist dies ein Tatbestand, dessen Analyse nicht mehr in die Soziologie, sondern in die Sozialpsychologie fällt. L. v. Wiese dagegen macht zwischen der Soziologie und der Sozialpsychologie einen scharfen Schnitt. Dieser Unterschied — ein *Unterschied der Abgrenzung* — erklärt sich aus den verschiedenen Entstehungsursachen der Beziehungslehre und der eigenständigen Konsumtheorie. Die erste entstand aus dem Bestreben, eine scharf und klar umrissene Methode als Soziologie herauszuheben, um der Verwirrung über das, was Soziologie ist, ein Ende zu machen; die letztere dagegen bildete sich aus dem Bestreben, die Probleme des Konsums — also eines empirischen Tatbestandes — wirklichkeitsnäher, als es bisher der Fall war, zu lösen. Die empirischen Gegenstände gehören ja aber nicht jeweils nur in *ein* bestimmtes wissenschaftliches Gebiet als zu bearbeitendes Objekt. „Beziehungslehre“ als „angewandte Soziologie“ im Verbrauch und „eigenständige Konsumtheorie“ sind also, um ein Bild von E. Becker zu gebrauchen „zwei Flächen, die sich schneiden“. Wir können daher, ohne in Widersprüche zu

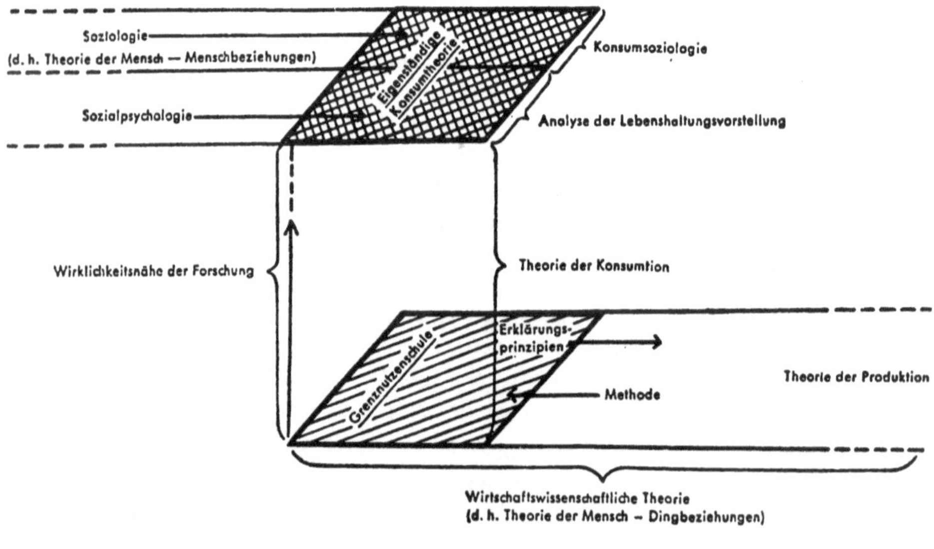

geraten — eben, weil sie sich überschneiden — mit Beziehungslehre und eigenständiger Konsumtheorie gleichzeitig arbeiten; ebenso wie wir mit Grenznutzenschule und eigenständiger Konsumtheorie gleichzeitig arbeiten können, weil diese sich — um das Bild E. Beckers weiter zu benutzen — gewissermaßen wie zwei, auf verschiedenen Ebenen übereinander gelagerte Flächen verhalten.

II.

Wir teilen jetzt die Gegebenheiten, die uns für unsere Untersuchung als Ausgangspunkt dienen, gemäß v. Wiese in „Situation" und „Haltung" auf, analysieren zuerst die Situation „Haushalt" und charakterisieren daraufhin kurz die innere Einstellung der Hausfrau, um auf diese Weise erst einmal eine klare Grundlage für die Bearbeitung unseres Problems zu gewinnen.

Im Haushalt findet sich eine Fülle zwischenmenschlicher Beziehungen, an und für sich von sehr verschiedenem Distanzgrad. Doch handelt es sich dabei nicht um zwischenmenschliche Beziehungen schlechthin, sondern um zwischenmenschliche Beziehungen, die in einem Gebilde, der „Familie", statthaben. *Wir zerschlagen den Haushalt also nicht in eine Summe von Einzelkonsumenten, wie die Grenznutzenschule es auf ihrer abstrakten Forschungsebene tut, sondern erfassen sie als Einheit.* Eine Einheit sind sie durch ihre Zugehörigkeit zu der gleichen Familie, d. h. zu der Familie also, die im Haushalt ihr Dasein führt. Wir müssen daher auf die Familie zurückgreifen, um die Situation „Haushalt" richtig zu erfassen.

Die Familie[3] ist ein Gebilde, das aus einer biologischen, d. h. *natürlichen Grundlage*, dem Mutter-Kind-Verhältnis, erwachsen ist und sich zu einem *kulturellen Zweckgebilde* entwickelt hat. Durch die biologische, d. h. natürliche Grundlage handelt es sich also um ein Gebilde, *dessen Prozeßträger nicht auswechselbar* sind. Das ist wichtig. Wer zu einer Familie gehört, gehört ihr immer an. Das kulturelle Zweckgebilde „Familie" hat die Aufgabe, bestimmte Lebensschwierigkeiten auszuschalten. Es soll geordnete sexuelle Beziehungen und seelische Ergänzung zwischen einem bestimmten Mann und einer bestimmten Frau ermöglichen, zugleich geordnete Fortpflanzung, Aufzucht und Erziehung der Nachkommen sichern. Die Familie soll darüber hinaus auch den Alternden Pflege und Fürsorge angedeihen lassen. Sie hat ferner die Aufgabe, den Familienangehörigen Entfaltungsmöglichkeit, d. h. Spielraum für die Eigenart ihrer Persönlichkeit zu bieten, und soll ihnen *für immer* Lebensraum, Lebenssicherheit und Heimat bedeuten. Diese Ziele können alle nur erreicht werden, wenn die einzelne Fa-

[3] L. *v. Wiese:* a.a.O., S. 524, 638 ff.

milie, so lange sie existiert, auch ein *festes* Gebilde bleibt, d. h. wenn sich die natürliche Festigkeit der biologischen Grundlage im Verhältnis Kleinkind—Mutter in der Festigkeit des kulturellen Zweckgebildes „Familie" fortsetzt.

Diese Festigkeit des kulturellen Zweckgebildes „Familie" ist nicht selbstverständlich. Zwar strebt der Säugling um der mütterlichen Nahrung willen immer wieder zur Mutter hin, doch treten ganz allmählich kleine, dann immer größer werdende Schritte freiwilliger Loslösung auf, und die anfänglich nur ganz geringe objektive Distanz zwischen Mutter und Kind hat die Tendenz, durch die Persönlichkeitsbildung des Kindes immer größer zu werden. Es bilden sich also ganz allmählich Prozesse der Absonderung. Das Tier weiß daher später von seiner Mutter überhaupt nichts mehr. Es erkennt sie, wenn es sie zu seiner Nahrung und zu seinem Schutz nicht mehr braucht, überhaupt nicht wieder. Dieser Verlauf würde auch bei den Menschen eintreten, wenn er das kulturelle Zweckgebilde „Familie" nicht auf das biologische Fundament aufbauen würde. Im Pubertätsalter werden die Prozesse der Absonderung plötzlich meist sogar zu offener Opposition und gehen mit einem starken Drang Hand in Hand, sich nur mit Menschen außerhalb der Familie einzulassen. Zur Absonderung treibt ferner auch der Gegensatz der Generationen und der Gegensatz der Geschlechter zwischen den Familienangehörigen. In bezug auf die Geschwister liegt zuerst immer Absonderung vor, die erst langsam durch Erziehung überwunden werden muß. Es ist interessant zu beobachten, wie völlig seelenlos kleine Kinder zuerst die ihnen aufgetragenen freundlichen Gesten gegeneinander ausführen. Die Konkurrenz um die Gunst der Eltern hat die Tendenz, sie oft sogar feindlich gegeneinander zu stimmen. Werden die Kinder erwachsener, so wandelt sich die bloße Absonderung zur völligen Lösung aus der Familie. Oft ist es auch Flucht aus dem Gewohnten — wie es scheint — immer Gleichen, oder der Freiheitsdrang des sich immer stärker entfaltenden Individuums, das die Familie als Zwang empfindet, die zur Absonderung treiben. Alle diese Absonderungskräfte — Gegensätze der Generationen, Gegensätze der Geschlechter etc. — werden im Verlaufe der Zeit immer stärker. Sie treten in immer neuen Spielarten auf. *Die Familie verändert sich durch dieselben tagtäglich.*

Ist es die Aufgabe des Mannes, für den Einkommensbezug der Familie zu sorgen, so hat die Frau die Aufgabe, die Familie zu einem festen Dauergebilde auszugestalten, indem sie die Prozesse der Absonderung zwischen den Familienangehörigen und diejenigen der Differentiation unterbindet. Ferner stellt sie den Absonderungsprozessen nun ihrerseits Prozesse der Vereinigung gegenüber oder ermöglicht diese, indem sie die Angehörigen für einander aufschließt. Sie schlägt Brükken von Mensch zu Mensch — und sie schließt zudem die notwendig eintretenden Prozesse der Absonderung mit Prozessen der Vereinigung zusammen, d. h. sie wandelt sie in Mischprozesse um. Auf diese Weise wird die Familie zu einer Ballung von Prozessen gleichen und geringen Distanzgrades.

Die Frau tut dies alles aus einer ihr angeborenen Haltung, aus natürlicher Anlage heraus, da sie ihre Kinder für immer an sich binden, sie immer schützen möchte. Und sie ist selbst bereit, jedes Opfer dafür zu bringen. Aus diesem Grunde nimmt sie den tagtäglichen Kampf mit den zunehmenden Kräften der Absonderung, mit der sich immerwährend verändernden Gebildesituation auf, in der sie steht. Wenn wir von der bindenden Kraft der Gewohnheit und früheren Erfahrungen abstrahieren, so können wir sagen, daß das Zweckgebilde Familie niemals *„ist"*. *Es muß dagegen tagtäglich durch die Frau neu geschaffen werden.* Eine solche Formung der Familie als Dauergebilde erscheint — wenn wir nicht wüßten, daß sie gelingen kann (und in wieviel Fällen gelingt sie nicht!) — fast als etwas Unmögliches. Diese Formung gelingt nur deshalb, weil die Frau die Konsumtion, also den Haushalt, in den Dienst der Schaffung des kulturellen Zweckgebildes „Familie", d. h. in den Dienst der Prozesse der Vereinigung stellt. Gibt es doch nach v. Wiese keine Mensch-Mensch-Beziehungen ohne ihnen zugehörige Sachbeziehungen, die ihr äußeres Reich ausmachen, während der Einzelhaushalt im Gegensatz dazu wirklich *nur* der unmittelbaren Bedürfnisbefriedigung dient. Nun im letzten Falle hat die Theorie also recht. Wie das Kleinkind, das seine Nahrung im biologischen Mutter-Kind-Verhältnis von der Mutter erhält, dadurch an sie gebunden ist, erfolgt durch den Haushalt auf eben demselben Wege, nämlich mittels Konsumtion, nur die künstlich gewollte Fortsetzung dieser frühen natürlichen Bindung. Der Haushalt schafft für die Familie den *gemeinsamen* Wohnraum, die *gemeinsamen* Mahlzeiten, die *gemeinsamen* Feste. Er bietet also die notwendige Grundlage für die sozialen Prozesse der Vereinigung. Es läßt sich nicht selten feststellen — und man darf das nicht mit Uninteressiertheit durch gesteigerte Mühe verwechseln — wie viel unbefriedigter eine Frau durch ihre Haushaltstätigkeit wird, sobald die Angehörigen ihre Mahlzeiten z. B. nicht mehr gemeinsam, sondern zu verschiedenen Zeiten nehmen. Sie klagt dann, daß ihr Haushalt zu einer „Pension" oder einem „Hotel" würde. Das andere Mal dient der Haushalt der Familie, indem er — so komisch es zuerst auch klingen mag — die Bedürfnisse des Einzelnen auf die bestmögliche Weise befriedigt, besser als es der Einzelne irgendwo anders für sich allein haben kann. Durch die bestmögliche Bedürfnisbefriedigung im Hause bekämpft die Frau ebenfalls die Absonderungen, macht den Familienangehörigen zufrieden und damit für seine Angehörigen, d. h. seine häuslich-menschliche Umwelt, aufgeschlossen. Darum hat die Frau den Konsum im Haushalt so verfeinert und ausgestaltet. Sie hat ihn also nicht nur durch Anfügung von mehr Gütern bereichert, sondern durch Ausbau der polaren Komplementarität der Konsumgüter zu einem zusammenhängenden, kunstvollen Gefüge ausgebaut, bei dem jedes Gut nicht nur additiv einen zusätzlichen Nutzen bringt, sondern durch seine Einschaltung in das polar komplementäre Gefüge zugleich auch immer den Nutzen der übrigen Güter erhöht. Drittens aber versucht die Frau, jeden Konsumakt der Familie nach Möglichkeit mit einem „Wir"-Gefühl zu verbinden. Das Umlegen des Armes um das Kleinkind bei seiner Nahrungsaufnahme hat bald nicht mehr nur den Zweck, den noch schwächlichen Körper des Kindes zu schützen, sondern soll auch die zwischenmenschliche Distanz verringern. *Die Zielsetzung des Familienhaushaltes liegt also nicht in der wirtschaftlichen, sondern in der sozialen Sphäre, und ein Familienhaushalt funktioniert um so besser, je geringer der zwischenmenschliche Distanzgrad der Familie ist.*

Wir müssen bei der Lage der Hausfrau im Familienhaushalt nun zweierlei unterscheiden. Erstens Abhängigkeit und Selbständigkeit der Hausfrau in bezug auf ihre Haushaltsführung und zweitens Abhängigkeit und Selbständigkeit der Hausfrau in bezug auf ihre *eigene Lage*. Beides muß scharf geschieden werden. Im ersteren Falle unterscheiden wir wiederum Freiheit, bzw. Beschränkung des Wirkens der Hausfrau, die sie *in ihrem Wirken* selber treffen, ferner Beschränkungen, die auf die Weite ihres Handlungs*gebietes* zielen und schließlich Beschränkungen, die sich aus einer gering*en Aufnahmebereitschaft* für ihr Wirken bei den Familienangehörigen ergeben.

In bezug auf das erste Teilproblem, inwieweit die Hausfrau in ihrem Tun und Lassen von anderen bestimmt wird, im Sinne einer Beschränkung ihrer *Haushaltführung*, ist folgendes zu sagen. Betrachten wir die Empirie, *so scheint* die Frau den Haushalt ganz unabhängig, d. h. autoritativ zu lenken. Alles *scheint* allein ihr überlassen zu sein. Sie fragt ihre Angehörigen nicht viel nach ihren Wünschen; sie fühlt sich in sie ein und *scheint* dann nur nach eigener Entscheidung zu handeln. Und zwar handelt sie meist mit erstaunlicher Sicherheit. Ihr Haushalt, ihr Betrieb, unterliegt zudem nicht der Konkurrenz, wie — freie Konkurrenz in der Wirtschaft angenommen — alle andern Betriebe in der Produktionssphäre es tun. Ihre „Abnehmer" sind ja Familienangehörige, also fest an den von ihr geleiteten Familienhaushalt gebunden. Sie können infolgedessen nicht in einen besser geleiteten Privathaushalt hinüberwandern. Nur in sehr beschränktem Maße und in später Zeit treten die Gasthöfe als Konkurrenten der Privathaushalte auf. Die Hausfrau wird also auch nicht durch die Konkurrenz besser geleiteter Privathaushalte zu einem bestimmten Handeln gezwungen. Die Konkurrenz als Peitsche für ein durch andere Betriebe bereits durchgeführtes, spezifisches Verhalten und als Ausleseprinzip fehlt im Sektor der Privathaushaltungen völlig. Die Hausfrau *scheint* von anderen Menschen also überhaupt nicht abhängig zu sein. Vielleicht ist das der Grund, warum der Alltag oftmals das bizarre Schlagwort für die jedenfalls in Deutschland und in vielen anderen Ländern mit Arbeit in weitesten Kreisen so schwer belastete, verhärmte und früh gealterte Frau hat: sie sei eine „Königin" in ihrem Hause.

Die Hausfrau *scheint* jedoch nur in der Gestaltung ihres Haushalts — bei gegebenem Wirtschaftsgeld — völlig frei zu sein, während sie es in Wirklichkeit gar nicht ganz ist. Sie ist nur in ganz bestimmter und fest begrenzter, d. h. genau angebbarer Richtung frei in ihrem Verhalten. Dieser freie Spielraum für ihre Haushaltsführung ist sehr klein. Und zwar ist sie in mehrfacher Weise von anderen abhängig. Sie ist einmal — und damit betreten wir das Gebiet der „eigenständigen Konsumtheorie" — in bezug auf die Gestaltung der Konsumtion in starkem Maße unfrei, weil der Verbrauch der Menschen von der Gruppe abhängt, in die sie sich einfügen. In Wirklichkeit fügen sich die Menschen in mehrere Gruppen ein. Doch wollen wir auch in dieser Arbeit der Einfachheit halber annehmen, daß es sich nur um Abhängigkeit von einer einzelnen Gruppe handelte. Diese Gruppe, von der die Konsumgestaltung abhängt — die „Konsumgruppe" — ist eine ganz spezifische Gruppe, nämlich eine Gruppe, welche Trägerin einer Lebenshaltungsvorstellung ist. Sie ist eine Gruppe sehr ehrwürdigen Alters; denn in der Lebenshaltungsvorstellung schlagen sich die Erfahrungen von vielen Jahrhunderten, ja, Jahrtausenden, in bezug auf den Verbrauch nieder. Die Lebenshaltungsvorstellung begegnet uns bei den primitiven Völkern in religiöser Gestalt. Das Religiöse verliert sich allmählich im Verlauf der Jahrhunderte. Es bleibt jedoch die Lebenshaltungsvorstellung als ein strukturierter Komplex von Normen, nach denen sich die Konsumtion der Menschen auszurichten hat. In ihr ist sowohl qualitativ wie quantitativ festgelegt, was konsumiert werden darf. Die Gruppe erzwingt die Einhaltung der in ihrer Lebenshaltungsvorstellung enthaltenen Normen mit unbarmherziger Strenge. Wer die Normen nicht einhält, daher sich nicht dem sogenannten „Üblichen" fügt, wird lächerlich gemacht, boykottiert und vom seelisch-geistigen Kontakt abgeschnitten, eventuell sogar aus der Gruppe ausgestoßen, was den Verlust jeder Hilfsbereitschaft durch die Gruppe bedeutet. Nur dem Bohémien, der sich in gewisser Hinsicht diesem Zwang zu entziehen sucht, verzeiht man sein in vieler Hinsicht ungenormtes Leben. Er hat auf Grund seiner künstlerisch veranlagten, besondere Wege gehenden Persönlichkeit eine Art „Narrenfreiheit" im Verbrauch. Die Einhaltung der Normen in bezug auf den Verbrauch bringt wiederum große Vorteile für den

Einzelnen mit sich. Daher kann niemand sich ihnen ganz entziehen. Neben der Erleichterung des seelisch-geistigen Kontaktes — man sieht an Äußerlichkeiten ja sofort, ob jemand zu einer Gruppe gehört und hat dadurch sogleich Verbindung mit ihm — neben der Hilfsbereitschaft in der Not, bringt sie die Ersparung des Risikos beim Ausprobieren neuer Konsumarten mit sich, erspart sie Zeit und Kraft, wenn einfach das Übliche, d. h. von der Lebenshaltungsvorstellung Geforderte, bei der Gestaltung des Verbrauchs eingehalten wird. Sich der Lebenshaltungsvorstellung zu fügen ist also ein durchaus rationelles Verhalten. Der Konsum ist — wie gesagt — somit durch die Gruppe qualitativ festgelegt. *Es bleibt jedoch ein kleiner, beglückender Spielraum für freie Entschließungen* in bezug auf den Verbrauch. Die Lebenshaltungsvorstellung ist also gewissermaßen immer nur ein Rahmen. Sie kann sich mit ihrem Zwang auch nur auf den sichtbaren Konsum erstrecken. Ob der Konsum, der hinter verschlossenen Türen stattfindet, ihren Normen völlig entspricht, ist der Gruppe unbekannt.

Die Frau steht also als Hausfrau in zwei Gebilden: in der Familie und darüber hinaus noch in einer Gruppe, welche Trägerin einer Lebenshaltungsvorstellung ist, d. h. in der Konsumgruppe[4]. In dieser letzteren steht sie nicht als Einzelmensch, sondern mit ihrer Familie, für deren Verbrauch sie die Verantwortung der Gruppe gegenüber trägt. Sie handelt meist mit so erstaunlicher Sicherheit bei ihrer Haushaltführung, weil sie eben ihr gegebene Normen erfüllt. *Sie steht also sozusagen in zwei konzentrischen Kreisen* und hat daher den Konsum im Haushalt zweifach auszurichten, sowohl als Grundlage für die stetige Schöpfung des Dauergebildes Familie als auch nach dem Diktat der Lebenshaltungsvorstellung der Gruppe. Beides kann möglicherweise Handlungen erfordern, die im Gegensatz zueinander stehen und zu einem Konflikt im Innern der Frau führen. Die Frau versucht ihre Handlungsweise sowohl nach dem dauerhaften Zweckgebilde Familie wie nach der Lebenshaltungsvorstellung der Gruppe auszurichten und vermeidet Konflikte, indem sie den Konsum als Grundlage für die zwischenmenschlichen Prozesse der Familie im Rahmen des von der Lebenshaltungsvorstellung freigelassenen Spielraums gestaltet. Es ist dieser von dem Diktat der Lebenshaltungsvorstellung freigelassene Spielraum des Konsums, durch den die Frau den Einzelnen so stark an die Familie bindet, weil die hier sich vom sonst vorkommenden Verbrauch unterscheidenden spezifischen Konsumakte Kennzeichen für *seine* Familie sind. Wir brauchen bloß an die verschiedene Art und Weise zu erinnern, in der in den einzelnen Familien Weihnachten der Tannenbaum geschmückt wird und an die Freude und den Stolz der Familien-

[4] Ch. *v. Reichenau:* Siehe oben S. 76 f.

angehörigen über den spezifischen Schmuck *ihres* eigenen Baumes. Dieser Konsum im kleinen, freien Spielraum ist nicht nur das Glück der Hausfrau und der Familienangehörigen. Er ist auch mit dem „Wir-Gefühl" der Familie am stärksten verbunden. — Andererseits entgeht die Frau dem Konflikt zwischen den Forderungen der Lebenshaltungsvorstellung und den Forderungen des dauerhaften Zweckbildes Familie in bezug auf den Konsum, indem sie gegen den strengen Zwang der Gruppe Schutzmaßnahmen trifft. Dies tut sie, indem sie an und für sich sichtbaren Konsum für die Gruppe unsichtbar macht. Sie läßt z. B. aus diesem Grund nur ausnahmsweise nicht zur Familie gehörige Personen in den Haushalt hinein. Der Haushalt ist gewissermaßen eine kleine Festung.

Wir verweisen weiter auf die unbewohnte, sogenannte „gute Stube", gegen die von jeher ein völlig erfolgloser Kampf geführt wurde. Die Gründe für diese Erfolglosigkeit waren bisher nicht einsichtig. Diese gute Stube wird nach Überwindung heutiger Wohnungsnot bedauerlicherweise sofort wieder aufleben, weil die sogenannte „gute Stube" eben eine Gegenmaßnahme gegen den Zwang der Gruppe bedeutet. Sie stellt das dar, was man der Gruppe zeigen *will*, während der wirkliche Konsum der Familie sich in ganz anderen Räumen und auf ganz andere Weise — oft auf eine erstaunlich andere Weise! — abspielt, von der die Gruppe nichts weiß. Die „gute Stube" ist zudem auch stets dort zu finden, wo durch den Zwang wirtschaftlicher Gegebenheiten sich die reale Lebenshaltung der gesamten Gruppe von den Normen der Lebenshaltungsvorstellung, die ja relativ starr und an sich unveränderlich ist, sehr weit entfernt. Die freie Gestaltung der Konsumtion im Haushalt durch die Frau ist also zum großen Teil nur Schein. *Nur in einem kleinen Ausmaß ist die Hausfrau selbständig.* Selbst wo der Konsum fest genormt ist, besteht für die Hausfrau jedoch auch noch eine gewisse Freiheit der Haushaltsführung in dem Zusammenfügen der Güter zur Einheit, d. h. in der Ausgestaltung der polaren Komplementarität der Konsumgüter. Völlig frei ist sie von dem Zwang der Lebenshaltungsvorstellung jedoch in bezug auf die Durchsetzung des Konsums mit „Wir-Gefühl" gelassen. Hier, bei diesem feinsten seelischen Dingen kann nichts von außen diktiert werden. Es ist erstaunlich, was Frauen in bezug auf diese beiden eben genannten freien Wirkungsmöglichkeitxen im Haushalt leisten können.

Das Diktat der Gruppe in bezug auf den Konsum ist nun dem Familienhaushalt gegenüber weit strenger als gegenüber dem Verbrauch eines „ohne Privathaushalt Lebenden". Die Gruppe ist ganz offensichtlich an dem Einzelnen und seiner Konsumgestaltung nicht in dem gleichen Maße interessiert. Der ohne Privathaushalt Lebende ist in seinem Verbrauch daher sehr viel freier als der in einem Privathaushalt Lebende. Die Gruppe sieht dem ohne Privathaushalt Lebenden vieles nach! Anders steht sie dem Familienhaushalt gegenüber; einmal, weil es sich hier um Hilfsbedürftige, d. h. um Kinder und alte Leute handelt, für die die Frau zu sorgen hat. Dann aber vor allem, weil die Gruppe die Familie schützen will. Man spricht in der Gegenwart von einer „Zerstörung des Familienlebens", von einem „Verfall des Familiensinns". Trotzdem sehen wir in dem stärkeren Zwang der Gruppe gegenüber dem Haushalt, daß die Konsumgruppe die Familie höher als den Einzelnen bewertet, somit die Hausfrau stärker überwacht und strengere Anforderungen an sie stellt. Ragt — wie schon gesagt — doch die Gruppe mit einer Lebenshaltungsvorstellung aus weit zurückliegenden Zeiten in die Gegenwart hinein, d. h. aus Zeiten, in denen die Familie im Gegensatz zu heute als ein hoher Wert betrachtet wurde. Da die Familie allein ein Werk der Frau ist, so erklärt sich uns weiter die in der Empirie doch eigentlich sehr auffällige Tatsache, *daß die Gruppe ihren Zwang vor allem durch Frauen ausübt.* Männer sind sehr viel nachsichtiger, ja, gleichgültiger in bezug auf Konsumhandlungen von Haushaltungen und Menschen, die vom Üblichen im Verbrauch abweichen, als Frauen. Der Zwang wird durch Frauen ausgeübt, weil letztere eben auf diese Weise die Familie schützen wollen. So erklärt sich die an und für sich doch äußerst merkwürdige Tatsache, daß die charakterlich gegenüber dem Manne doch sehr weiche Frau in bezug auf vom Üblichen abweichende konsumtive Lebensgestaltung so unkonziliant ist, diese so hart kritisiert, ja, oft in kleinlich gehässiger und unbarmherziger Weise gegen solche Verbrauchshandlungen vorgeht — härter als der charakterlich härtere Mann. Ein sonderliches Phänomen, das sich nur durch die Erkenntnis der Zusammenhänge zwischen der Frau oder Familie und der Gruppe mit Lebenshaltungsvorstellung erklärt. Es zeigt sich uns hier wiederum, *wie beim Menschen charakterliche Eigenschaften auftreten, die in Wirklichkeit gar nicht Eigenschaften des Individuums sind, sondern die aus soziologischen Fakten erklärt werden müssen.* Da der Verbraucher ohne Privathaushalt — wie gesagt — in seinem Konsum freier ist als der in einem Familienhaushalt Lebende, so ist die Selbständigkeit der Hausfrau, den Konsum in dem ihr von der Gruppe belassenen freien Spielraum zu gestalten, dadurch wiederum eingeengt, daß der Familienangehörige, sobald er einen eigenen Einkommensbezug hat, sich der Haushaltskonsumtion mehr oder weniger zu entziehen trachtet, wenn sie von der Frau zu autoritativ gehandhabt wird, d. h. wenn sie seinen Wünschen zu wenig entspricht. Dieses Ausweichen beginnt mit wenigen selbständigen Einkäufen, die sonst die Frau machte, mit hin und wieder im Restaurant essen etc. und kann schließlich mit einer völligen Lösung aus dem Haushalt enden. Diese Beschränkung der Wirkungsfreiheit der Frau setzt im späten Stadium der Familie mit dem eigenen Einkommensbezug junger Familienangehöriger ein.

Die Frau hat also in bezug auf die Konsumgestaltung teils keine Freiheit, teils größere, teils völlige Freiheit. Betrachten wir den Bereich des Verbrauchs, in dem sie durch den Zwang der Gruppe völlig festgelegt ist, nun nicht nur von der Hausfrau aus, sondern beziehen wir auch Produktion und Markt in unsere Untersuchung ein, so ergibt sich, daß von Produktion und Markt her der Zwang der Gruppe nun teilweise zunichte gemacht wird. Wäre dies nicht der Fall, so würde — abgesehen vom freien Spielraum — die Frau gar nicht in der Lage sein, Neuartiges kaufen zu können. Ihre mangelnde Freiheit in der Konsumgestaltung muß sich ja in mangelnder Wahl- und Kauffreiheit auf dem Markt auswirken. Wir müßten uns also immer, da der größte Teil des Einkommens durch die Hände der Hausfrauen fließt und ein großer Teil davon bei seiner Verwendung unter dem Zwang der Lebenshaltungsvorstellung steht, in einer zum großen Teil statischen Wirtschaft im Sinne Schumpeters befinden. Neuerungen könnten — wie gesagt — nur im freien Spielraum des Haushalts oder durch ohne Privathaushalt Lebende aufgenommen werden. Das auf den größtmöglichen Gewinn ausgerichtete Streben der Produzenten, das seine Nahrung nicht nur durch Wandlungen der Produktionsmethoden, sondern auch durch Absatz neuartiger Konsumgüter findet, stößt also hier durch den Zwang der Lebenshaltungsvorstellung auf Grenzen. Die Lebenshaltungsvorstellung ist unveränderlich und in ihrem Zwang — wie wir wissen — unerbittlich hart. Hier gibt es keine Konzessionen. Die Produktion hat jedoch drei Formen von Verbrauchswandlungen — trotz des Zwanges der Lebenshaltungsvorstellung (vgl. die Forschungen von E. Becker) gefunden, mit denen sie den streng durch die Gruppe normierten Konsum doch veränderlich macht. *Einmal* können sich infinitesimale Wandlungen des Verbrauchs durchsetzen, weil sie der Gruppe als Veränderung nicht auffallen, *zweitens* können sich sprunghafte Veränderungen „getarnt" durchsetzen, d. h. größere Veränderungen, die in von der Lebenshaltungsvorstellung zugelassenen, alten Formen auftreten, welche die neuen dann nach und nach sozusagen durchstoßen, sie treten also „versteckt" auf; und *drittens* können sich größere Wandlungen des Verbrauchs auch noch mit Hilfe sogenannter „homines extraordinati", welche in die Ansehensschichtung der Konsumgruppe gelangen, durchsetzen, weil die Angesehensten einer Gruppe auf die Formung der Lebenshaltungsvorstellung gewissen Einfluß haben[5]. Es ist wohl ohne weiteres klar, daß die Frau die Freiheit hat, diese ersten beiden Konsumtionsveränderungen anzunehmen oder abzulehnen; denn der Auf-

[5] E. *Becker:* Die Konsumtionsveränderung. (Die Konsumtionsneuerungen in den Lebenshaltungsvorstellungen sozialer Gruppen.) Diss. Frankfurt 1945.

merksamkeit der Gruppe entgehen diese beiden Arten von Veränderungen ja. Anders steht es in bezug auf die dritte Form der Konsumveränderung. Da diese ihren Weg über die Lebenshaltungsvorstellung zum realen Verbrauch hin nimmt, so heftet sich der Zwang der Gruppe an sie. Die Hausfrau kann diese Veränderungen des Verbrauchs nicht ablehnen. Sie *muß* sie früher oder später mitmachen. Wir kommen somit — abgesehen vom letzten Fall — zu einem interessanten Ergebnis, nämlich, *daß die Produktion der Hausfrau zu einer gewissen Freiheit vom Zwang der Lebenshaltungsvorstellung verhilft;* die Produktion, die sich in bezug auf die Preishöhe mit den Käufern — also auch mit der Hausfrau — sonst ja in einer gewissen Kampfsituation befindet!

Neben diesen die Frau unmittelbar treffenden Beschränkungen der Selbständigkeit in ihrem Wirken ergibt sich auch eine Verkleinerung, d. h. Komprimierung ihres *Wirkungsgebietes* dadurch, daß andere soziale Kreise oder außer der Familie liegende Gegebenheiten rein zeitlich Anforderungen an die einzelnen Familienangehörigen stellen. Sie schneiden aus den Stunden, die im Haushalt verbracht werden *könnten,* immer größere Zeitmengen für sich heraus. So z. B. der Beruf, der bei großen Entfernungen dem einzelnen Familienangehörigen oft nicht mehr erlaubt, des Mittags zur gemeinsamen Konsumtion nach Hause zu kommen. Die Erlebnisarmut der nach außen abgeschlossenen Familie — ihre Veränderungen sind auf kurze Zeitläufe hin gesehen ja zum größten Teil nur gering — treiben den nach mehr Leben Hungernden in die Scheinwelt des Kinos, binden den Einzelnen an jugendliche Zusammenschlüsse und beschneiden den Haushalt ebenfalls in bezug auf die ihm zur Verfügung stehende Zeit. Offene Freundschaft oder geheim gehaltene erotische Bindungen mögen den Jugendlichen zudem aus dem Hause ziehen. Durch alle diese Gegebenheiten schwankt das der Frau gegebene Wirkungsgebiet und damit ihre Abhängigkeit und Selbständigkeit in demselben im Verlauf der Zeit sehr stark. Die Frau besitzt keinerlei Freiheit, dasselbe so abzugrenzen, wie sie es für gut hält. Sie ist also in bezug auf seine Größe von außerhalb des Hauses liegenden Einflüssen und von inneren Einstellungen ihrer Familienangehörigen abhängig. Das Wirkungsgebiet der Hausfrau verkleinert sich um so mehr, je länger eine einzelne Familie besteht; denn je älter der Familienangehörige wird, um so leichter knüpft er zwischenmenschliche Beziehungen in der außerfamiliären Welt an, um so leichter verwurzelt er auch dort.

Weiter kann, ohne daß das Wirkungsgebiet der Hausfrau sich verkleinert, die Wirkungsmöglichkeit der Hausfrau noch dadurch beschnitten werden, daß der Sinn für den Wert der Familie bei den Angehörigen zersetzt wird, so daß die Aufnahmebereitschaft für zwischenmenschliche Beziehungen in der Familie und damit für den dieselbe tragenden

Haushalt nachläßt. Dies kann der Fall sein, weil ganz andere Ideen im Individuum leben. So kann z. B. der Beruf einen Menschen innerlich völlig erfüllen, so daß in ihm kein Raum mehr für die Familie ist. Wir brauchen ferner bloß an die intensive Ausrichtung breiter Arbeiterschichten auf die Klassenkampfidee zu denken, wodurch kein Raum mehr für anderes im Bewußtsein vorhanden ist, so daß der Sinn für die Familie und damit für den Familienhaushalt im Einzelnen erstarren kann. Weiter können die Funktionen des kulturellen Zweckgebildes Familie auf andere Weise als durch die Familie erfüllt werden. So bringt die heutige völlige Freiheit der unverheirateten Frau in bezug auf ihre Lebensgestaltung die Möglichkeit lang andauernder erotischer Bindungen hohen Niveaus zwischen Mann und Frau mit sich, welche eine starke Erschütterung des Familienlebens darstellen. Das sexuell geordnete Leben wird also hier auf andere Weise — eben außerhalb der Familie — zuwege gebracht. So übernehmen Versicherungen heute Schutz und Fürsorge bei Krankheiten und gewähren den nicht mehr verdienenden, alten Menschen eine Lebensgrundlage, indem sie sie vor Armut und Not schützen. Auf diese Weise werden der Familie und damit dem Familienhaushalt heute mehr und mehr Funktionen entzogen. Sie haben beide für den Einzelnen nicht mehr die gleiche Wichtigkeit wie früher. Er steht — erwachsen— dem kulturellen Zweckgebilde Familie und dem Familienhaushalt gleichgültig gegenüber. Die vereinigenden Prozesse lassen dadurch gegenüber den absondernden Prozessen in der Familie und somit im Hause beträchtlich nach. Im gleichen Maße wird die Gesellschaft, z. B. der Staat, der Familie gegenüber gleichgültig. Die Frau ist diesen Zersetzungen des Familiensinnes, dieser Verdünnung der Familie gegenüber machtlos. Sie fühlt die zunehmende Stärke der absondernden Kräfte; sie weiß jedoch meist gar nicht, wo sie herkommen. *Die Familienkonsumtion hat heute somit die Tendenz, sich nach und nach dem Einzelhaushalte anzunähern;* denn sie bekommt ihre Zielsetzung ganz allmählich immer mehr im Wirtschaftlichen. Der Unterschied zum Einzelhaushalt verwischt sich also immer stärker. Der Familienhaushalt ist dann kein echter Familienhaushalt mehr. Da das kulturelle Zweckgebilde Familie somit mehr und mehr zerstört zu werden scheint, so spricht man daher von einer „Zersetzung der Familie". Sobald jedoch Währungsumwälzungen oder irgendwelche sonstige Erschütterungen, wie sie sich z. B. aus Kriegen ergeben, den Versicherungen ihre Leistungsmöglichkeiten nehmen, *springen die Familien und damit die Familienhaushalte sofort in die Erfüllung ihrer früheren Funktionen wieder ein.* Die Angehörigen suchen an ihren Familien erneut Anhalt. Es ist z. B. erstaunlich, was nach dem Kriege die Familien, denen man keinerlei Lebenskraft mehr zuschrieb, in Deutschland für Vertriebene und verarmte Angehörige wieder getan haben, wie sie selbst in bezug auf den verwandtschaftlichen Grad ganz entfernten Angehörigen Zuflucht in ihrem Haushalt und damit Hilfe geboten haben.

Das liegt daran, *daß eine Familie gar nicht zerstört werden kann.* Sie *wird* nur komprimiert und verdünnt, ohne dadurch letzten Endes ihre Lebensfähigkeit zu verlieren. Aus der inneren Haltung der Frau kann sie sich jeder Zeit wieder entwickeln, weil diese innere Haltung der Frau etwas Unzerstörbares darstellt, da sie naturgegeben ist. In etwas Zerstörtem sind keine Wachstumskeime, und daher keine Lebensmöglichkeiten und Lebenskräfte mehr. *Im biologisch-soziologischen Gebilde Familie bleiben jedoch — durch die naturgegebene innere Haltung der Frau — die Wachstumskeime für das kulturelle Zweckgebilde Familie immer erhalten.* Das kulturelle Zweckgebilde Familie kann jederzeit wieder aufleben. Aus einem kleinen restlichen Kern — der Erziehungsgemeinschaft noch unmündiger Kinder — kann es sich jederzeit wieder entfalten. Es behält immer die Fähigkeit zur erneuten Extension, sobald die es komprimierenden und in seinem Gehalt verdünnenden Kräfte wieder nachlassen. Da nun aber Familie und echter Familienhaushalt miteinander stehen und fallen, weil eines nicht ohne das andere sein kann, so behält der Familienhaushalt und damit das abhängige und doch zugleich auch freie Wirken der Hausfrau ebenfalls immer die Möglichkeit zu erneuter Entfaltung.

Wie weit ist nun die Frau in bezug auf die *Gestaltung ihrer eigenen Lage* frei oder abhängig? In bezug auf ihre eigene Lage ist die Hausfrau völlig von ihrer Umgebung im Haushalt, d. h. von ihren Familienangehörigen, abhängig. Sie hat ja — freie Konkurrenz angenommen — nicht wie alle übrigen Arbeitenden die Möglichkeit, sich dem von ihr eingenommenen Arbeitsplatz im Haushalt zu entziehen und sich irgendeinen andern Haushalt als Arbeitsplatz auszusuchen, falls dieser für sie besser, d. h. mit weniger Anstrengung, zu leiten wäre. Es handelt sich in einem Familienhaushalt ja nicht um auswechselbare Bindungen. Also steht, wenn wir von der Scheidungsmöglichkeit absehen, die Hausfrau als verheiratete Frau und als Mutter auch in nicht auswechselbaren Bindungen, und hat, nachdem sie einmal eine Familie gegründet hat, keine Freiheit mehr, sich einem andern Haushalt anzugliedern. Sie kann sich einer Arbeitsüberlastung somit nicht entziehen.

Bedeutsam für ihre persönliche Lage ist nun weiter, daß ihr auch keine Steuerung in bezug auf ihre Arbeitsleistung „in ihr selbst" zur Verfügung steht, wie es bei andern Wirtschaftern der Fall ist. Diese setzen, weil sie ja homines oeconomici sind, ihrer Arbeitsleistung ein „Halt", sobald es bei ihnen zu einem Gleichgewicht zwischen Arbeitsnutzen und Arbeitsmühe kommt. Ein solches Gleichgewicht stellt sich bei der Hausfrau aber niemals her. Einmal deshalb, weil sie persönlich keine Vergütung für ihre Tätigkeit erhält, deren Nutzen bei der Berechnung eines Gleichgewichts in Frage käme, und weil der durch ihre Arbeit im Haushalt realisierte Nutzen ja keine Summierung von einzelnen befriedigten Bedürfnissen der Familienangehörigen ist, die sich in der Frau spiegeln, sondern weil das Ziel das Haushalts immer — von der Frau aus gesehen — die Erhaltung des kulturellen Zweckgebildes Familie ist. Für sie ein sehr viel höheres Ziel als die Befriedigung der Bedürfnisse der im Haushalt Lebenden. Ein Ziel, das sich in seinem Werte quantitativ überhaupt nicht erfassen läßt. Andererseits bewertet die Frau wiederum infolge ihrer natürlichen Hingabebereitschaft ihre Arbeitsmühe für die Familie überhaupt nicht. Aus dieser ihrer spezifischen Haltung heraus ist sie immer bereit, für die Ihrigen bis zur Grenze ihrer seelisch-physischen Kräfte zu arbeiten, wenn dies irgendwie erforderlich ist. *Es gibt für die Hausfrau also kein Gleichgewicht zwischen Arbeitsmühe und Arbeitsnutzen.* Während die eigenständige Konsumtheorie die Grenznutzenschule überlagert, d. h. also die Gesetze des Grenznutzens auch für die Erstere gelten, doch in der Wirklichkeit durch den Zwang der Lebenshaltungsvorstellung nur zu Tendenzen werden, fällt die Hausfrau als Arbeitskraft aus dem von der Grenznutzenschule gelehrten Schema der Wirtschafter völlig heraus! Die Steuerung, die anderen Wirtschaften in bezug auf die Verausgabung ihrer Arbeitsleistung zur Verfügung steht, versagt — wie oben behauptet — bei ihr also. Trotzdem hat die Sozialpolitik die große Gruppe der Hausfrauen nicht mit umgriffen, weil man ganz allgemein der Ansicht ist, daß die Frau genügend Schutz und Fürsorge durch ihre Familie erhalte.

Benutzen wir die Beziehungslehre nun ein zweites Mal, um die Lage der Hausfrau selbst zu untersuchen und festzustellen, ob sie, die in sich selbst keine Steuerung in bezug auf die Verausgabung ihrer Arbeitskraft besitzt und auch ihren Arbeitsplatz nicht zu wechseln vermag, nun wirklich in bezug auf ihre Arbeitsleistung den Schutz und die Fürsorge ihrer Familienangehörigen genießt. Wir sahen, daß die Familie in dem jeweiligen Ablauf ihres Daseins sich steigernden Kräften der Absonderung unterliegt und daß das andauernde kulturelle Zweckgebilde „Familie“ mit geringen, nach Möglichkeit immer gleichen objektiven Distanzgraden, ein mühsames tagtägliches Werk der Frau ist, indem sie nicht nur Absonderungen und feindliche Prozesse zwischen den Angehörigen sowie Tendenzen zur Differentiation aus der Familie zu unterbinden sucht, sondern, indem sie Prozesse der Vereinigung einschaltet, wobei die Gestaltung der Konsumtion ein Mittel zum Aufbau der Familie ist. Sie schlägt — so sagten wir — Brücken von Mensch zu Mensch. Sie versucht, dem einen Verständnis für den andern zu eröffnen und dadurch die zwischenmenschliche Distanz in der Familie möglichst gering zu machen. Auch die Distanz zwischen ihr und ihren

Angehörigen, denn die zwischenmenschlichen Prozesse der Vereinigung umgreifen ja auch sie mit. Das „Wir-Gefühl" der Familie, das die vereinigenden Prozesse begleitet, ist z. B. besonders stark mit ihr verbunden. Sie ist ja sozusagen das Symbol der Familie. Das alles bedeutet aber noch nicht, daß bei ihren Familienangehörigen auch Verständnis für die Lage der Hausfrau vorhanden ist. Sie schafft bei den andern Familienangehörigen Verständnis für einander. Sie schafft es in ihrer natürlichen Hingabebereitschaft für die Ihrigen. Sie schafft es aber nicht für sich selbst. Wo sie es tut, ist dies ein großer Ausnahmefall. Dadurch ist sie in der Gestaltung ihrer eigenen Lage völlig von ihren Familienangehörigen abhängig. Dazu kommt, daß zwischen zwei Menschen eine ganz geringe objektive Distanz vorhanden sein kann, ohne daß doch einer die Lage des andern völlig begreift. Ist doch die innere Haltung der Frau und die enge Verkopplung von Familie und Haushalt dem andern Geschlecht und den Jüngeren, die noch keine selbstgebildete Familie haben, nicht leicht verständlich. So kommt es, daß die Frau, ohne Möglichkeit, den Arbeitsplatz zu wechseln, ohne Steuerung mittels des Gleichgewichts Nutzen und Mühe für ihre Arbeitsleistung in sich zu besitzen, in ihrer eigenen Lage von ihrer engeren Umwelt völlig abhängig ist, und daß diese engere Umwelt ihre Lage meist nicht richtig erfaßt. Daher ist die Frau — jedenfalls in Deutschland — in weiten Kreisen eine meistenteils schwer überlastete Arbeitskraft. Es bleibt eine Aufgabe der Erziehung in den Schulen, die Kinder über diese Gegebenheiten aufzuklären, und darüber hinaus ist es eine Aufgabe für die Sozialpolitik, auch die große Gruppe der Hausfrauen in irgendeiner spezifischen Weise mit zu umgreifen.

Fassen wir das Ergebnis unserer Untersuchung jetzt kurz zusammen. Die Frage nach Abhängigkeit und Selbständigkeit der Hausfrau ist nicht in einer Richtung kurz zu beantworten. Die Hausfrau ist in ihrem Wirken im Haushalt abhängig, sofern sie dem Zwang der Konsumgrupppe untersteht. Hierbei handelt es sich besonders um den nach außen sichtbaren Konsum. Jedoch auch bei dem der Gruppe unsichtbaren Konsum trachtet die Frau sich den Gruppennormen aus Zeit- und Kraftersparnis zu fügen. Es bleibt ihr aber ein kleiner freier Spielraum der Verbrauchsgestaltung innerhalb des Rahmens der Lebenshaltungsvorstellung, der jedoch ständig in seinem Ausmaß durch die größere Konsumtionsfreiheit der ohne Haushalt Lebenden bedroht ist. Freier ist sie ferner in dem Zusammenfügen der Konsumgüter. Völlig frei in der Gestaltung des „Wir-Gefühls" der Familie beim Verbrauch. Soweit es sich um den starren von der Lebenshaltungsvorstellung beherrschten weiten Verbrauchsbereich handelt, in dem sie also ganz von der Konsumgruppe abhängig ist, kommt ihr die Produktion auf zweifache Weise zu Hilfe, um ihr freie Verbrauchsentscheidungen zu ermöglichen. Durch

Angebot infinitesimaler Neuartigkeiten und durch „getarnte“ Neuerungen. Die Größe ihres Wirkungsgebietes ist dem Einfluß der Frau völlig entzogen, ebenso die Aufnahmefähigkeit für ihr Wirken bei den Familienangehörigen. Deswegen ist sie in bezug auf ihre eigene Lage zur Zeit noch ganz — nämlich solange die Sozialpolitik sich ihrer nicht annimmt — von ihnen abhängig. Übersehen wir all dieses, so können wir wohl sagen — obwohl genaues Abwägen hier selbstverständlich unmöglich ist —, daß im großen und ganzen die Abhängigkeiten der Hausfrau weit größer sind als ihre Möglichkeiten, selbständig zu handeln. Dieser Abhängigkeiten ist sie sich im großen und ganzen nicht bewußt — ausgenommen der Abhängigkeit in bezug auf die Größe ihres Wirkungsgebietes und der Abhängigkeit in bezug auf ihre eigene Lage. Über die letzteren Abhängigkeiten ist sie sich völlig im klaren. All diesen *großen Abhängigkeiten* stehen die relativ kleinen, aber sie zutiefst *beglückenden Möglichkeiten mehr oder minder freien Handelns gegenüber.* Zutiefst beglückend, weil sie hier unter Einsatz persönlicher Entscheidungen mit Hilfe des Haushalts etwas schafft, was ihr von innen her Gebot ist und über sie selbst hinausgeht: das kulturelle Zweckgebilde „Familie“.

Schriftenverzeichnis der Autorin

	Titel	Fundort	Erscheinungsjahr
1.	Wilhelm Weitling	Schmollers Jahrbuch Bd. 49 S. 293—327 (Dissertation)	1925
2.	Der Einfluß des Zinsfußes auf das Sparen	Schmollers Jahrbuch Bd. 55 I, S. 43—62 (Habilitationsschrift)	1931
3.	Die Kapitalfunktion des Kredits, ein methodischer Versuch	Verlag Gustav Fischer, Jena X, 180 S.	1932 Teildruck in diesem Bande
4.	Die Bedeutung der Frauenarbeit in der Volkswirtschaft	Zeitschrift „Die Frau", 39. Jahrg. S. 662—669	1932 in diesem Bande
5.	Statik und Konjunkturtheorie	Der Stand und die nächste Zukunft der Konjunkturforschung, Festschrift für Arthur Spiethoff, S. 234—237 Duncker & Humblot, Berlin	1933
6.	Die Übertreibung I	Kölner Vierteljahresschrift für Soziologie 12. Jahrg., S. 290	1934
7.	Die Übertreibung II	Reine und angewandte Soziologie, eine Festgabe für Ferdinand Tönnies zum 80. Geburtstage H. Buske Verlag, Leipzig S. 202	1936
8.	Hauswirtschaft als volkswirtschaftliche Produktion in der wissenschaftlichen Forschung	Hauswirtschaftliche Jahrbücher, Stuttgart Lieferung 2, S. 49—63	1939
9.	Die Hauswirtschaft im Leistungsaufbau der Volkswirtschaft	Hauswirtschaftliche Jahrbücher, Lieferung 2 S. 49—56	1940
10.	Heimstättensiedlung und Volkswirtschaft	Hauswirtschaftliche Jahrbücher, Lieferung 3 S. 97—107	1941
11.	Die Bäuerin, ein methodischer Versuch	Jahrbücher für Nationalökonomie und Statistik, Bd. 153, S. 678—700	1941
12.	Die Hauswirtschaft als Produktion und die Wissenschaft	Beiträge zur Wirtschaftslehre des Haushalts, 2 S. 12—20	1942

13.	Die Frau als organischer Wirtschaftertyp	Hauswirtschaftliche Jahrbücher, Lieferung S. 1—14	1943
14.	Konsum und volkswirtschaftliche Theorie	Jahrbücher für Nationalökonomie und Statistik Bd. 159, S. 81—115	1944 in diesem Bande
15.	Probleme der Verbrauchsforschung	Weltwirtschaftliches Archiv Bd. 61, S. 1—5	1945 in diesem Bande
16.	Der „homo extraordinatus"	Studien zur Soziologie, Festgabe für Leopold v. Wiese aus Anlaß der Vollendung seines 70. Geburtstages Internationaler Universum Verlag, Mainz, S. 119—132	1948 in diesem Bande
17.	Soziale Schichtung und Verbrauch	Wirtschaftsdienst, Hamburg 30. Jahrg., 2. Heft S. 15—20	1950 in diesem Bande
18.	Abhängigkeit und Selbständigkeit in der Konsumwirtschaft	L. v. Wiese (Hrsg.), Abhängigkeit und Selbständigkeit im sozialen Leben Westdeutscher Verlag, Köln-Opladen, S. 526—543	1951 in diesem Bande
19.	Wirtschaftswissenschaft und Verbraucher	Der Verbraucher, Hamburg 6. Jahrg., Heft 37, S. 455—457	1952
20.	Artikel „Haushaltsrechnungen, (1) Haushaltsführung"	Handwörterbuch der Sozialwissenschaften, Göttingen, Stuttgart, Tübingen 5. Bd., S. 70—74	1956 in diesem Bande

MIX
Papier | Fördert
gute Waldnutzung
FSC® C083411

Kolibri 360 GmbH
Ferdinand-Jühlke-Straße 7
99095 Erfurt, Deutschland
produktsicherheit@kolibri360.de

Druck:
CPI Druckdienstleistungen GmbH
im Auftrag der
Kolibri 360 GmbH
Ferdinand-Jühlke-Str. 7
99095 Erfurt